How to succeed in winning your ideal job

これだけは知っておきたい

「転職」の基本と常識

改訂新版2版

準備・応募・面接・入社・各種手続き…
多くの転職成功者を生み出したガイドブックの決定版！

◉オンライン面接での自己アピール術と意外な落とし穴
◉ニューノーマル時代の転職活動の立ち回り方とは

箱田賢亮【著】　箱田忠昭【監修】

フォレスト出版

はじめに

リーマンショック、東日本大震災、人口減少による労働力不足とアベノミクス効果……と、大きく社会が変わるたびに、本書は時代のニーズに合わせて改訂を繰り返し、多くの転職成功者を生み出してきました。

そしてこのたびの改訂のきっかけは、ご存じのとおり、大きな社会の変革を余儀なくさせた**新型コロナウイルスの影響**によるものです。

2020年からは観光業や飲食業に顕著なように、経済活動の一時停止の影響がさまざまな業種に及び、主に2つの点で転職市場に大きな影響を及ぼしています。

1つが、採用戦略を変更せざるをえない企業が増えたことによる、**売り手市場から買い手市場へのシフト**です。

58ページでも解説しますが、売り手市場とは転職希望者数に対して求人数が多い状態です。それがコロナ禍前までは「空前の売り手市場」と呼ばれるほど職を求める人にとっては有利な状況でした。

一方、今は買い手市場といって、需要に対して求人数が少ない、転職希望者にとっては不利な状況です。

しかし、全業種・全職種が買い手市場かというとそうではありません。

ＩＴ関連をはじめとして、依然として活発な採用活動をしている企業はたくさんあります。それに、人手不足の状況には変わりなく、企業側は優秀な人材をいつでも求めています。

ぜひ、「買い手市場」という言葉でモチベーションを下げるのではなく、自分が転職したい業界や職種の採用状況についてリサーチしてください。

また、在宅勤務や遠隔地勤務、子育て支援など、求職者のライフスタイルに細かく順応した求人など、バラエティは以前よりも増えていることも前向きな傾向です。

そしてもう1つが、テレワークが一般化し、ソーシャルディスタンスが叫ばれるようになったことで、それに呼応するように増えた**オンライン面接**です。最終面接までオンラインで行う企業も増えているそうです。

求職者側にも企業側にも、交通費がかからない、遠隔地からも応募しやすい、時間の調整が簡単……といったメリットがオンライン面接にはあります。一方で、オンラインならではの注意点、落とし穴があります。

この改訂新版2版では、この転職市場の大きな変革であるオンライン面接について、第

Ⅱ部の第5章で徹底的に解説していきます。

さて、私からあなたに質問があります。
あなたは今の会社に満足していますか？
もしも、次のような問題があれば、本書を熟読して成功する転職をしてください。

1. 今の仕事が自分に向いていない
2. 上司が嫌なヤツばかり
3. 会社に将来性がない
4. 給料、ボーナスが低い
5. 新しいことにチャレンジしたい
6. 出世させてくれない
7. リストラされそうだ

1つでも該当するものがあった場合は、ぜひともページをめくってください。
転職へ向けて自身の強みを発見したり、考えをまとめる自己啓発的な本、面接のテクニックを詳しく記した本、敬語や身だしなみに関する本やサイトというのはたくさんあります。

しかし、本書のように、それらすべてをコンパクトに網羅した「転職ガイドブック」と呼べる本は意外と多くなく、それゆえに「とにかく転職に必要なあらゆる情報を手っ取り早く取り入れたい」というニーズからか、おかげさまで何度も版を重ね、**「転職に成功しました！」という読者の声をたくさんいただいております。**

そんな本書のラインナップは次のとおりです。

第I部では、あなたが転職をするために考えておくべきこと、知らなくてはならないことをまとめました。転職を成功させるにはあなた自身を知ることが重要です。

第1章「あなたに合った道を見つける方法」では、あなたが本当に転職すべきかどうかのチェックリストを載せています。それらを使って今一度、考えてみましょう。

第2章「まず、退職に向けての諸注意」では、現在の会社であなたが取るべき行動について述べています。また、退職までのスケジュールをわかりやすく述べています。

第3章「知らなきゃ損する税金・社会保険の手続き」では、「お金」の知識を説明しています。損をしないためにきちんと知ってから転職活動をしましょう（税金・雇用保険の改定などにより新しい情報を加えています）。

第Ⅱ部では、より実践的な「転職対策」、採用されるノウハウを説明します。

第1章「情報収集が決め手の応募のしかた」では、あなたに合う会社への求人情報の見つけかたや応募のしかたを載せています。

第2章「ネットを活用！イマドキの転職活動」では、最新のインターネットによる転職サイトの使い方を載せています。転職も久しくネットの時代になっています。

第3章「押さえておきたい履歴書・職務経歴書の書き方」では、通る履歴書・職務経歴書を実例とともに掲載しています。

第4章「面接はこれでバッチリ！」では、面接のマナーから好印象を与えるテクニック、面接官のよくある質問と回答例まで、成功する面接試験のすべてをお伝えします。

第5章「オンライン面接徹底攻略法」では、一般化したオンライン面接ならではの注意点やオンラインならでは裏技など、詳細にまとめました。これさえ読めば、オンライン面接対策はバッチリです。

第6章「これで終わり！内定から入社まで」では、内定通知への対応から、新しい会社に入社するまでにやるべきことをまとめました。内定の連絡がきたら参考にしてください。

あなたは今、人生のスタート地点に再び立ったのです。
大いに勉強して、良い人生を送ってください。

著者　箱田賢亮
監修者　箱田忠昭

改訂新版2版

これだけは知っておきたい

「転職」の基本と常識

目　次

第2章 まず、退職に向けての諸注意

第3章 知らなきゃ損する税金・社会保険の手続き

第Ⅱ部 さあ、いざ転職をはじめよう

第1章 情報収集が決め手の応募のしかた

第2章 ネットを活用！ イマドキの転職活動

第4章 面接はこれでバッチリ!

第5章 オンライン面接徹底攻略法

第6章

これで終わり！ 内定から入社まで

第Ⅰ部 あなたの転職を成功させるには

第1章

あなたに合った道を見つける方法

1 さあ、転職で人生の再スタートを！

あなたの明確な理由を用意しなければならない

●――100人いれば100の転職理由

「なぜ、転職をするのですか？」。そう問いかけられた時、あなたは何と答えますか？

転職の理由は人それぞれで、あなたにはあなたの事情があるからこそ転職を決意したのでしょう。100人いれば100通りの理由が返ってくるのは当たり前です。

転職理由を年齢階層別に見ると、若い人たちに多い理由が「一時的についた仕事だから」や「将来性がないから」です。そこには、新卒の時の就職活動があまりうまくいっていない様子が見てとれます。それだけに、「知識や技能を生かしたいから」という理由には、若い人の心の声が反映されているといえます。年齢が上がってくると、「収入が少ないから」や「時間的・体力的にきついから」といった理由が増えてきます。しかし、ここでは個人的事情は詮索《せんさく》しません。なぜなら、**あなたの個人的な理由があなた自身を動かす**からです。

転職をしてどうしたいのか、転職することによって何を得たいのか、自分のなかに明確な答えが用意されていなければ、採用試験に通ることは厳しいでしょう。

あなたのなかにこそ「答え」がある！

現在 あなたが現状をどうとらえているか

それをどう変えようとしているのか、という意識の問題
現状を変えることによって生じる結果を、
責任をもって背負えるのか
その覚悟があるのか

勤務時間
キャリアアップ
職種
収入
やりがい
人間関係

未来 転職をしてどうしたいのか、
転職することによって何を得たいのか

自分のなかに明確な答えを用意する！

「なぜ、あなたは転職をするのですか？」
という質問には …………→ 前の会社の悪口や愚痴 NG

2 能力があれば転職するべき

後悔しても、前の会社には戻れません

◉——悪魔のささやきに耳を貸す前に

転職を考えたなら、もう一度冷静になって、今の会社ではどうしてもダメなのか、何のために転職しようとしているのかを、よく考えてみましょう。

希望通りの会社に入ったとしても、何カ月、あるいは何年かすると「仕事が面白くない」「こんな仕事をするために会社に入ったんじゃない」など、いろいろな不満が出てきます。

そんな時、ふっと「転職してみようかな」「今の会社以上に自分に合った会社があるかもしれない」と思ったりするものです。それは悪魔のささやきのように魅力的で、吸引力のある誘いです。

しかし、ここが考えどころです。悪魔のささやきに耳を貸す前に、**今の自分が問題だと思っていることは転職すれば解決できるのか、今の会社で解決できることではないのか、**現状をよく認識しましょう。

辞めることは簡単です。上司とケンカして「こんな会社辞めてやる！」と言って飛び出せればどんなにスカッとするか、考えるだけでも爽快《そうかい》です。しかし、そんな衝動的な辞め方をしても、次でやっていけるだけの実力をつけておかねばなりません。

◉――安易な気持ちでは転職できないことを知ろう

アメリカでは、転職を繰り返すことでスキルアップをはかるのが常識で、待遇や評価のよい企業を渡り歩くビジネスマンがたくさんいます。日本でも終身雇用制が崩れ、能力のある人は自分を高く評価してくれる会社へと転職していくようになりました。

しかし、現状がちょっと気に入らないからといって会社を辞め、次の職場に移ろうと簡単に考えても、なかなかうまくいくものではありません。**転職には、会社の採用試験というハードルがあるからです。**ヘッドハンティングでもされないかぎり、移りたい会社の人事責任者の厳しい「鑑定」が待っているのです。安易な気持ちでの転職希望では、高い壁を乗り越えることができません。

現状への不満だけで転職しようとすれば、「この人は、うちに来てもたぶん同じ不満を口にして結局辞めてしまうだろうな」と判断されてしまいます。勢いだけで退職し、次の仕事が決まらずに後悔しても、もう前の会社には戻れません。

今のうちに仕事の能力を高めておきましょう。

◉——ストレスのバランスシートをつくろう

そこで〝転職〟という言葉が頭に浮かんだ時は、次のようなことをしてみてください。

まず、1枚の紙を取り出し、真ん中に縦線を引きます。

左半分には、今、感じているストレスを、言葉にして書いていきます。上司の悪口でも、仕事への不満でも、待遇の悪さでもかまいません。どんなに小さなことでもいいので、具体的に書きます。

次に、右半分に今の仕事や職場の良いところを書いてみます。これは少し冷静にならないと書けません。客観的な目で、仕事と職場を見直してみます。

そして、両者を見比べてみます。左側より右側が多ければ、転職をする必要はありません。左側ばかりに文字が並び、右側に空欄が目立つ時は、次ページの項目をよく見て、どこの会社でも起こりうることかどうかを考えます。どこの会社でも起こることに腹を立てているのであれば、転職してもまた同じ問題に悩まされます。転職をしても無駄ということです。

また、その会社独特の悪弊だとしたら、あなたがそれを改める努力をしたかどうか、自問してみます。**解決する努力もせずに逃げ出すのであれば、転職は解決にはなりません。**

ストレスのバランスシート

今、感じているストレス	今の職場の良いところ
・	・
・	・
・	・
・	・
・	・
・	・
・	・
・	・
・	・
・	・

3 あなたは目的意識をもっていますか？

成功する転職と失敗する転職の違いを知ろう

ストレスのバランスシートをつくらずに、不平・不満だけを胸に会社を辞め、転職しようとしてもなかなかうまくはいきません。

前述のように、採用担当者に見透かされて雇ってもらえないという事態になりかねません。たとえ採用してくれる会社があったとしても、その後その会社に対する不満が出てくると、再び転職を考えるようになります。つまり**「転職ぐせ」**がついてしまうのです。

◉——「転職ぐせ」がつく悪い転職の例

転職ぐせの特徴は、転職を繰り返すほど条件が厳しくなり、雇ってくれる会社も少なくなる、ということです。そのため、気の進まない会社でも「採用してくれるだけありがたい」と入社することになり、また辞めるということを繰り返します。

気がつくと、いくつかの会社を転々とし、仕事に生きがいを見いだすこともなく、技能や能力はもちろん、給料も上がらないまま年だけを重ねることになります。

これが失敗する転職の典型的な例です。これではあまりにも悲しすぎますよね。

「転職ぐせ」にご用心

◉——スキルアップしながら上っていく良い転職の例

これに対し、成功する転職もあります。自分のやりたいことを見つけ、それができる会社に挑み、意欲を買われて入社、希望する職種で腕をふるうというものがそれです。つまり、転職する意味と目標を、自分のなかに明確にもっている人のケースです。

たとえば、会社に入ってすぐに「自分には向かない」と思った人がいたとします。でもすぐには辞めようと思わず、「とにかく1年間はがんばって仕事が一巡するまでこの仕事を見極めよう」と会社、仕事、職場を客観的に見るのです。これが**現状認識**の作業です。それと同時に、**自分が本当は何をしたいのか**、じっくり考え、変革の意欲を高めたのち、転職に踏み切ります。

あるいは、自分のスキルをアップさせるために、より高度な技術をもつ会社へ移り、修得・貢献したのちまた別の技術の向上を求めて会社を替わるという人もいます。

こうした目的意識のはっきりした転職は、企業でも採用しやすく、入ったのちも会社がバックアップしてくれるものです。

「成功する転職」とは？

4 あなたは転職で「何がしたい」のですか？

「夢」＝やりたいことを基準にする

◉──採用者側が求めている答えとは？

転職にとって大切なのは**現状の認識と変革への意欲**です。

そこで最初の質問がまた出てきます。「なぜ、あなたは転職をするのですか？」

この問いは、理由を聞いているのではなく、実は**「あなたは転職で何がしたいのですか？」**と同じ意味なのです。

採用試験で「なぜ転職するのですか？」と聞かれた時、「会社が自分を評価してくれないので」とか、「もっと自分に合う仕事があると思って」とか、「給料が少なくて、生活していけない」などという現実逃避型の理由を述べるのは、あまりにも消極的で意味のないことです。採用者にとっては、転職をせざるをえない個人的な理由などどうでもいいのです。

採用者が欲しい答えは、「こんな仕事がしたいので転職を考えた」であり「入社したらこんなことがしたい／できる」という変革への意欲なのです。

◉――とにかく「夢」を掲げよう

ところがこの答えは、自分を知らないと出てこない答えです。

残念なことに、転職希望者の半数以上が明確なアイデンティティーをもっておらず、自分が何をしたいのかを突き詰めて考えていません。

そういう人は、転職しようと思った時も、どういう現状に不満を抱き、それをどう解決したらいいのかをよく考え、転職しかないと結論が出るまで自問自答を繰り返す作業をしていません。不平・不満だけを理由に転職しようと、無謀な挑戦をあえてします。

それはコンパス（羅針盤）ももたずに嵐の海にこぎ出すような危険きわまりないことです。

それでは厳しい転職の海を乗り切ることはできません。

転職の海でのコンパスは、ずばり、**「自分がやりたいこと」**です。

「ゲームソフトを作りたい」「おいしい料理を作りたい」「海外で珍しい品物を探してみたい」「お年寄りの話し相手になりたい」「先端技術を究めたい」「大きなお金を動かしてみたい」……何でもいいのです。

人に笑われるような突拍子もないことでも、今やっていることの延長でも、そういうことを業務にしている会社があろうとなかろうと、仕事として成り立っていないかもしれないとしても、とにかく**「夢」を掲げることが大切**です。

◉――「したいこと」が価値観の基準になる

「夢＝やりたいこと」を掲げると、道が見えてきます。自分なりの価値観が生まれ、会社選びの基準ができます。夢を実現させるには、どういう業界のどういう会社がその舞台になってくるかがわかってきますし、譲れない部分と妥協できる部分も見えてきます。

たとえば「ものづくりが好きで機械の設計などをやりたいと思っていた商社マンが、町工場のような中小企業に転職した」という例があったとします。現実には、給料は下がるし、会社の規模も小さくなります。はたから見ると「転職に失敗したのでは」と思いますよね。しかし、本人にしてみれば、やりたかった機械設計の仕事ができ、好きだから仕事の覚えも早く、すぐに会社でも戦力に加えられたということで、大いに満足しているのです。

夢がかなったのですから、転職は大成功です。

成功か失敗かは、自分の価値観でこそはかるべきで、他人が決めることではありません。

もっとも、自分のやりたいことがはっきりしているからこそ言えることで、基準がなければ、それさえもはかることができません。

転職には「夢」が必要だ

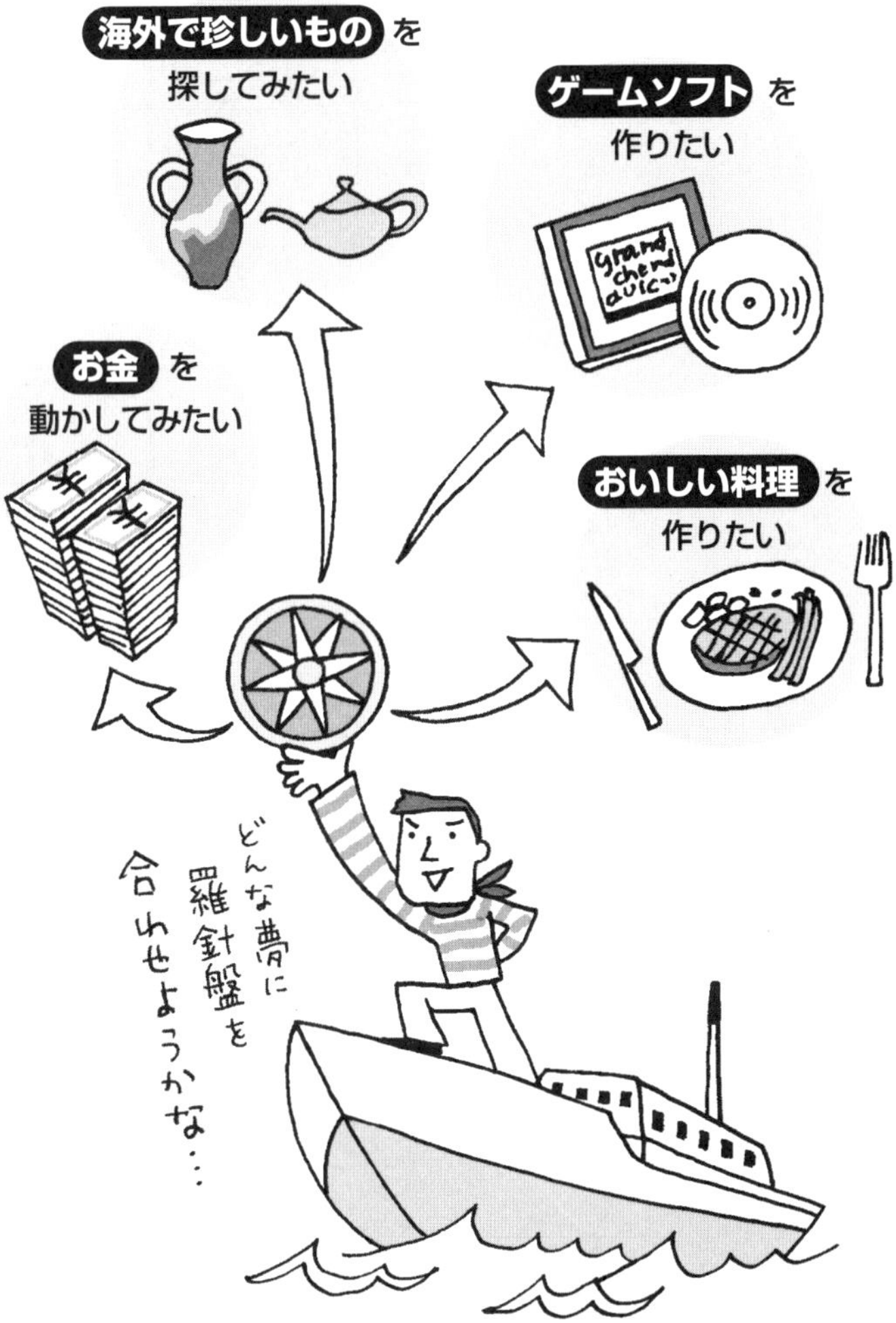
海外で珍しいものを
探してみたい
ゲームソフトを
作りたい
お金を
動かしてみたい
おいしい料理を
作りたい
grand chef quest
どんな夢に
羅針盤を
合わせようかな…

5 自己分析が一番のカギである！

まずは自分を見つめなおして自分を知ること

◉――「したいこと」がわからないなら、自分を見つめなおすことから

やりたい仕事を見つけるためには、「自己分析ができている」ということが第1の条件です。成功する転職をめざすなら**自分を知ること**が何より大事です。

「今の仕事が向かないのはわかるけれども、かといって何が〝自分の本当にやりたい仕事〟なのかわからない」という人にとっては、自己分析は絶対条件です。

もちろん、そういう人は転職できないかというと、そんなことはありません。とにかく現状を変えたいと思ってはいるのでしょうから、それだけで転職する資格はあります。

ただ、そういう人は急いではいけません。少し時間をかけて、自分を見つめなおす必要があります。自己を分析する作業をしてみましょう。

自己分析の簡単な方法は、**「自己概念表」をつくること**です。1から20まで、「私は○○です」という形で自己紹介をし、紙上からセルフイメージを分析します。否定的表現が多い人は、マイナス思考が強いため、自己変革を心がける必要がありそうです。

「自己概念表」で分析をしよう

①私は ＿＿＿＿＿＿＿＿＿＿＿＿＿＿＿＿ です

②私は ＿＿＿＿＿＿＿＿＿＿＿＿＿＿＿＿ です

③私は ＿＿＿＿＿＿＿＿＿＿＿＿＿＿＿＿ です

④私は ＿＿＿＿＿＿＿＿＿＿＿＿＿＿＿＿ です

⑤私は ＿＿＿＿＿＿＿＿＿＿＿＿＿＿＿＿ です

⑥私は ＿＿＿＿＿＿＿＿＿＿＿＿＿＿＿＿ です

⑦私は ＿＿＿＿＿＿＿＿＿＿＿＿＿＿＿＿ です

⑧私は ＿＿＿＿＿＿＿＿＿＿＿＿＿＿＿＿ です

⑨私は ＿＿＿＿＿＿＿＿＿＿＿＿＿＿＿＿ です

⑩私は ＿＿＿＿＿＿＿＿＿＿＿＿＿＿＿＿ です

⑪私は ＿＿＿＿＿＿＿＿＿＿＿＿＿＿＿＿ です

⑫私は ＿＿＿＿＿＿＿＿＿＿＿＿＿＿＿＿ です

⑬私は ＿＿＿＿＿＿＿＿＿＿＿＿＿＿＿＿ です

⑭私は ＿＿＿＿＿＿＿＿＿＿＿＿＿＿＿＿ です

⑮私は ＿＿＿＿＿＿＿＿＿＿＿＿＿＿＿＿ です

⑯私は ＿＿＿＿＿＿＿＿＿＿＿＿＿＿＿＿ です

⑰私は ＿＿＿＿＿＿＿＿＿＿＿＿＿＿＿＿ です

⑱私は ＿＿＿＿＿＿＿＿＿＿＿＿＿＿＿＿ です

⑲私は ＿＿＿＿＿＿＿＿＿＿＿＿＿＿＿＿ です

⑳私は ＿＿＿＿＿＿＿＿＿＿＿＿＿＿＿＿ です

◉──得意なことだけでなく、あなたの弱点も認めましょう

自分というものが少しわかってきたら、「**自分の棚卸し**」をしてみましょう。

動きのいい商品、よくない商品を見つけ、処分するものと増産するものを分けるのです。

今までの人生を振り返り、やってきたこと、やりたかったけれどもできなかったこと、やりたくなかったこと、うまくいったこと、失敗したこと、それらを紙に書き出します。

正反対のことと比較して、どうしてそうなったかを考えます。

やりたくなかったことには、嫌々やったので逃げ腰だったとか、やらずに済まそうとしていたなどの、原因があります。反対に好きなこと、得意なことはうまくいったでしょうし、積極的にかかわってきたはずです。ですから、できることより、やりたいことを優先させる方がいいかもしれません。

こうして、自分が何を得意とし、何をする時が楽しいか、見つけ出すのです。

反対に自分の弱点、短所も認めなければなりません。弱点を知っておかないと、無駄なことにエネルギーを使ってしまいます。

得意なことにはさらに磨きをかけ、不得意なものは在庫整理して捨ててしまいます。**資産は活用し、負債は処分する、**ということです。

「自分の棚卸し」をしよう！

やってきたこと	やりたかったけどできなかったこと	やりたくなかったこと

比較

比較

うまくいったこと	失敗したこと

比較

6 あなたのウリは何ですか？

長所や短所を分析する方法と自己評価の3点法で見つけられる！

◉――ウリは「健康であること」でもいい！

ストレスのバランスシートや自分の棚卸し、自己分析の結果で、**自分が本当にやりたいこと＝夢**がしっかり定まったら、転職を視野に入れ本格的に準備を始めましょう。

業界や会社の情報を集め、自分の基準に合う会社を選びましょう。新卒時とは違って、社会人を経験した目には、給料や待遇よりも、業績や業務内容に目がいくと思います。

転職では給料アップがすべての目的ではありません。だから、自分のやりたいことができる会社かどうかにこだわります。そして、その会社に自分をどう売り込むかを考えます。

そのためには、**「自分の得意技＝ウリ」**があるといいのですが、見つかるとは限りません。自己概念表や自分の棚卸しだけではウリが見つからない人は、**長所・短所を分析する方法**や**自己評価の3点法**を試してみましょう。あなたの重要な才能、技量が**「ウリ」**として見つかります。たとえば、若い人は、特殊技能やキャリアなどは望めませんから、「健康であること」や「だれにでも素直に教えをこえること」などをウリにしてもいいのです。

あなたの「ウリ」を探そう

長所・短所分析

長　所	短　所

紙を取り出し縦半分にする。左側に自分の長所を、右側に短所をそれぞれ10個ずつ書き込んでいく。これをやっておくと、自分を客観視することになり、自分の感情をコントロールすることにも役立つ

自己評価3点

好きなこと	苦手だが克服したいこと	嫌いなこと・したくないこと

自己評価の3点法も特技を見つけるのに効果がある。紙を用意し、3分割する。左には「好きなこと」、真ん中に「苦手だが克服したいこと」、右に「嫌いなこと・したくないこと」の欄をつくる。この3つの欄を埋め、とくに左の欄の項目に順位をつけるとわかりやすい

7 会社は転職者に何を求めているか？

欠員補充の場合は〝即戦力〟を、業務拡大の場合は〝常識のある人〟を

◉——企業の採用条件は業務遂行能力を見ている

自分のやりたいこと、得意分野が見えてきて転職の戦略が立てられるようになると、気になるのが、これから受けようとする会社の意向です。一般的に会社が中途採用者の募集をするのは、**欠員補充**か、**業務拡大のための人員増強**かのどちらかです。

欠員補充であれば、即戦力として採用します。また、業務拡大の場合であれば募集人数も複数になり、個人の特性に合った業務に振りあてたり、企業側はやる気のある若い人を採用する可能性もあります。しかも、**未経験者でも採用する可能性**があり、狙い目です。

企業が中途採用者の募集をする理由は、**入社してすぐに戦力として使えるか**、ということです。また、**ビジネスマナーや社会人としての常識はあるもの**とみなしています。

中途採用者がスーパーマンでないことは採用する企業もわかっています。できないこと、やったことのないことをやれとは言いません。その代わりに、採用条件を設け、業務遂行能力を判定しているのです。これが、企業が求めている人材なのです。

企業は「こんな人」を求めている！

すぐに戦力として使えるか
ビジネスマナー、社会人としての常識が身についているか

8 スキルアップのために転職するあなたへ

今よりレベルアップするために変革すべきことを考えよう

◉――スキル向上をめざす人への転職アドバイス

良い転職とは「自分のやりたいこと」を実現させるために、現状に対する不平・不満だけで転職するのではなく、**今よりレベルアップをするために行動すること**です。

そこで、スキルアップのための転職事例をもとに検証することにしましょう。

◉――営業職のスキルアップは、何をどう売るかから考える

次ページ、営業マンの吉田さんの例では、現状への不満は「安定しない収入」と「飛び込み営業の限界」の2点です。それを認識したならばどう変革すべきかを考えてみます。

営業職の仕事には、「何を売るか（取扱商品）」と「どう売るか（営業方法）」の2つの要素があります。ならば、それを変えて考えていきます。見込み客に密着する営業方法を取る業界・会社や、顧客に提案して受注するような商品を扱い、フォローすることで再提案が可能な営業職を探すとよいのではないでしょうか。

営業マン・吉田さんの場合

①営業マンの吉田さんは食品関連の販売をしている

担当地域の飲食店を回る飛び込み営業の仕事

時間は自由。**収入は歩合制で月ごとに変動、安定していない**

離職率が高い会社であるが、新卒以来3年間頑張った

営業という仕事は好き。成績は悪くない

飛び込み営業に限界を感じている

違う商品を扱ってみたい、別の形の営業職に替わりたいと思っている

②何を売るか…車や不動産といった単価が高い商品
どう売るか…飛び込み営業 ──→ ルートセールス

よって

リフォーム業界、
IT系のシステム営業

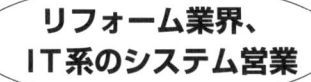

9 会社の都合で転職せざるをえないあなたへ

転職するチャンスととらえ、会社都合によるメリットを利用しよう

◉──千載一遇の好機ととらえよう

スキルアップをめざして転職する人や自分のやりたいことをやるために転職する人は、目標があるため前向きな気持ちでテイクオフできます。

しかし、転職する人すべてがそんな明るい状況にあるとは限りません。なかには、会社が倒産してしてしかたなく転職せざるをえない人や、リストラにあって転職を余儀なくされた人もいます。

このように会社の都合で転職せざるをえない場合は、どう考えたらいいでしょうか。

1つは、これを**チャンスと考えること**です。納得のいかない現状に甘んじていて、転職に踏み切れないでいる人と比べれば、とにかく〝転職できる立場〟になったのですから、断然恵まれています。無数の選択肢のなかから最も自分にあった企業を選ぶ千載一遇の好機が巡ってきたのです。

◉──会社都合によるメリットを利用しよう

転職を考えた人なら、**自己都合による退職**と**会社都合による退職**の違いはご存じでしょう。

自己都合による退職だと雇用保険がすぐにはもらえません。しかし、会社都合の退職はすぐに受給できますので、嘆くより会社都合で辞めることのメリットを大いに利用すべきです。

たとえば、社長から「明日から来なくていい」と言われたら、会社都合の退職なので1カ月分の給与を「解雇予告手当」として頂くのです。

リストラも同じで、会社の都合で辞めるのですから、退職金の上積みなど、交渉次第で良い条件を引き出すことができます。

ただ、円満退職でないと、転職先の会社から問い合わせがあった時に悪く言われないとも限りません。ほどほどにしましょう。

10 なぜ、コミュニケーション能力が重要なのか？

面接はたくさんの失敗で向上する

◉──採用試験には必ず「面接」がある

転職をする時に必ず通過しなければならない関門は「**面接**」です。中途採用の際に筆記試験を行わない会社は珍しくありませんが、面接を行わない会社はただの1社もありません。中途採用試験といったら、それは面接を指すほどの重要な試験です。

面接試験に通るためには何が必要か、といえば、それは「**コミュニケーション能力**」です。採用担当者の言うことをよく理解し、相手が期待するような答え方で答えていくことが必要です。「面接」に関しては、第Ⅱ部第4章で詳しくお話しします。

話すのが苦手ならば、これを機に苦手を克服するくらいの意気込みで乗り切りましょう。

◉──面接の「場数」を踏んで失敗に学ぼう

コミュニケーション能力を向上させるには、「**場数を踏む**」のが一番です。

面接の場合も、最初はうまく話せないかもしれませんが、何社か応募しているうちにだんだん上達してくるものです。大切なのは、**失敗に学ぶという姿勢**です。その姿勢がないと、いくら面接を重ねても同じ過ちを繰り返してしまいます。

コミュニケーションで大切なことは、姿と声、つまり**見た目**です。

話す内容など、採用担当者はそれほど重視していません。たいていのことは履歴書や経歴書に書いてあるからです。

人は相手と向かい合って話す時、まずその姿かたちで印象が決まってしまいます。そして、プラス声（話し方）の情報だけで相手の評価を決めてしまう傾向があります。

ですから、姿勢や服装、顔の表情、動作、そして話し方に磨きをかけることが大切なのです。

11 転職市場は好転しつつあるか？

労働力減少に歯止めがかからない今はチャンス

◉—賃金は上がらなくても仕事のやりがいを求めて転職する人々

実際に転職をした人たちのその後はどうなっているのでしょうか？

転職によって収入が増えるパターンもありますが、**「減少」や「変わらない」という人の割合もかなり高い**というのが現実です。

平成30年度版「雇用動向調査」では平成30年1年間の「転職入職者の賃金変動状況」を示していますが、それによると前職の賃金に比べ「増加した」割合は37・0％で、「減少した」は34・2％、「変わらない」は27・2％でした。「増加」が「減少」をかろうじて2・8ポイント上回っていますが、変わらない割合を加えると61・4％の人が前職賃金以下に甘んじているのです。また、転職者の現在の勤め先における満足度について「満足」から「不満足」を引くD.I.ポイントでも、賃金におけるD.I.は17・7ポイントとその差は僅少です。

ところが、「職業内容・職種」で見るとD.I.が61・2ポイントと大きく「満足」が上回っています。

転職入職者の賃金変動状況

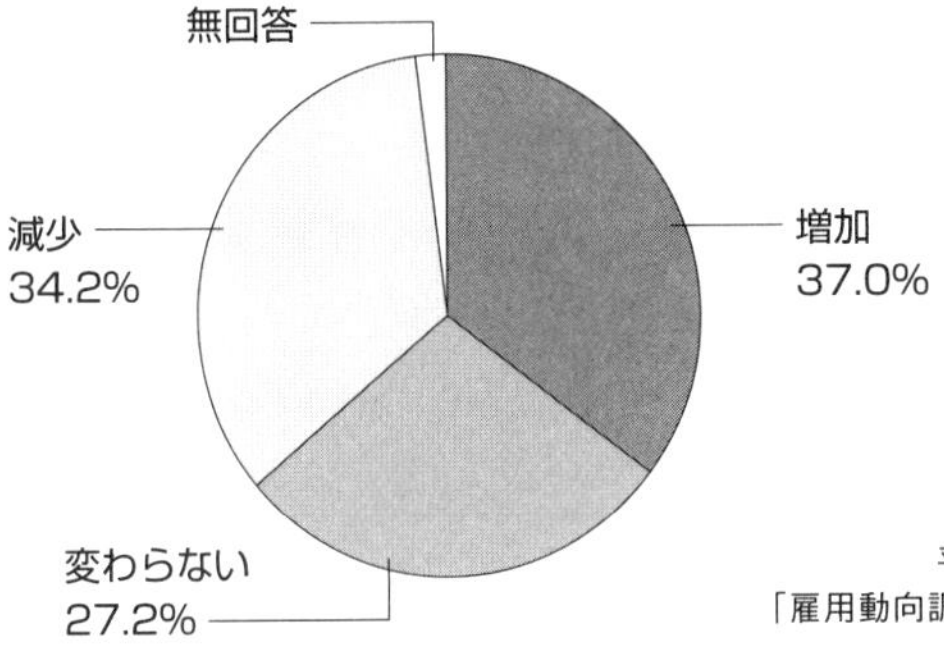
無回答
増加
37.0%
減少
34.2%
変わらない
27.2%

平成30年度版
「雇用動向調査」(厚労省)

転職者の現在の勤め先における満足度

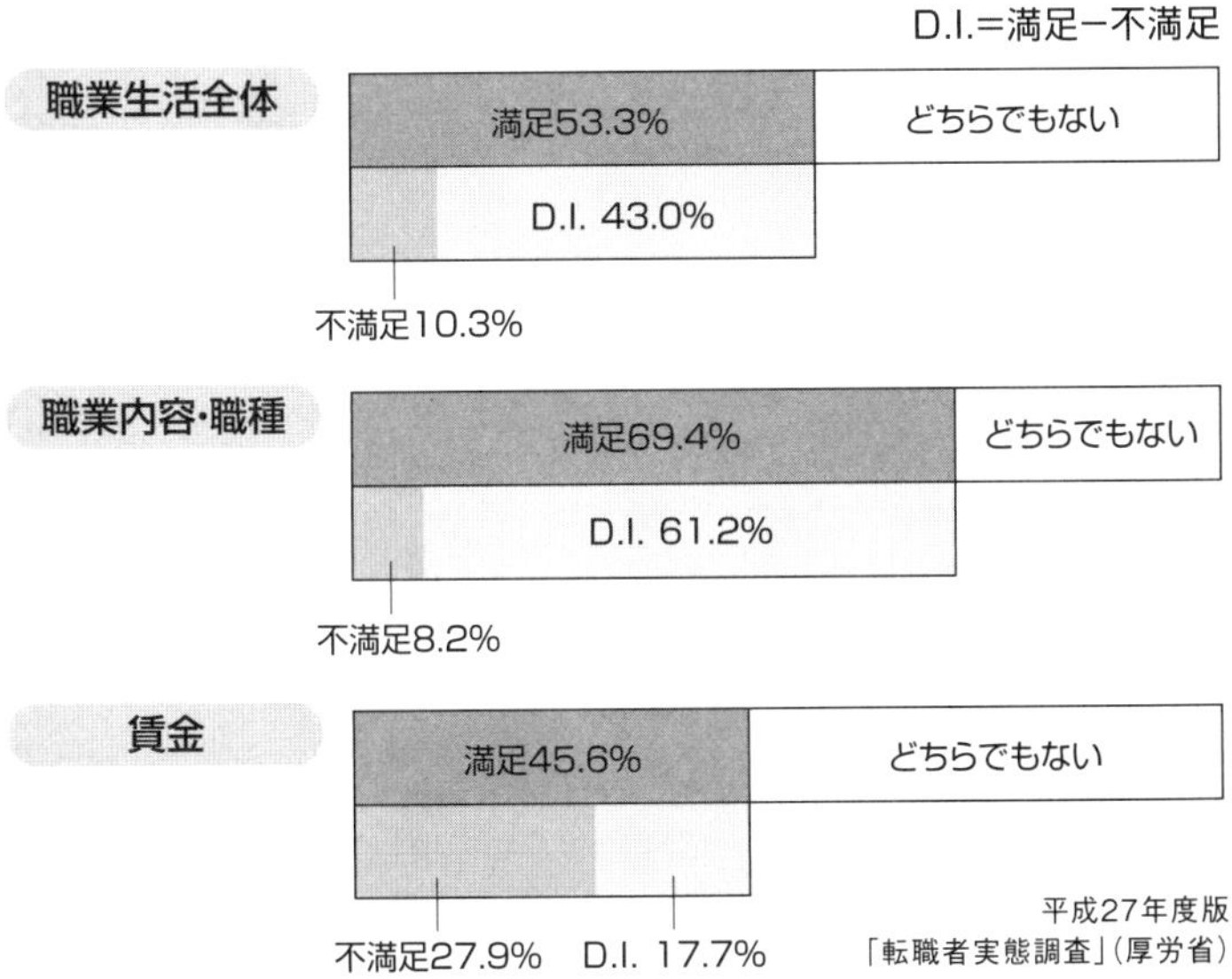
D.I.=満足−不満足
職業生活全体
満足53.3%
どちらでもない
D.I. 43.0%
不満足10.3%
職業内容・職種
満足69.4%
どちらでもない
D.I. 61.2%
不満足8.2%
賃金
満足45.6%
どちらでもない
不満足27.9%
D.I. 17.7%

平成27年度版
「転職者実態調査」(厚労省)

すなわち、賃金では満足できなくても、**仕事の内容ややりがいといった面では満足しているということでしょう。**

●――コロナ禍でも、中途採用市場においては前向きな数字も

新型コロナウイルスの影響は、それまで「超売り手市場」と呼ばれた転職市場を大きく変えるのでしょうか。**「コロナ解雇」**という言葉があるように、2020年9月の厚生労働省の発表によると、新型コロナ感染拡大に関連する解雇や雇い止めが6万人を突破したとのこと。

経済の停滞が長期化したことにより、企業が持ちこたえられず、解雇や雇い止めにつながっている可能性が高いのです。とくに、製造業、宿泊業、飲食業、小売業、労働者派遣業などに顕著です。

しかしながら、中途採用市場については、「64・8%の企業が緊急事態宣言中でも中途採用を継続した」「19%が緊急事態宣言中は一時停止したが、解除後は採用活動を再開している」（リクルートキャリア）とあるように、**前向きな傾向**が見られます。

●――コロナ禍だからこそ積極採用の企業とは?

転職者の処遇決定の際に考慮した要素

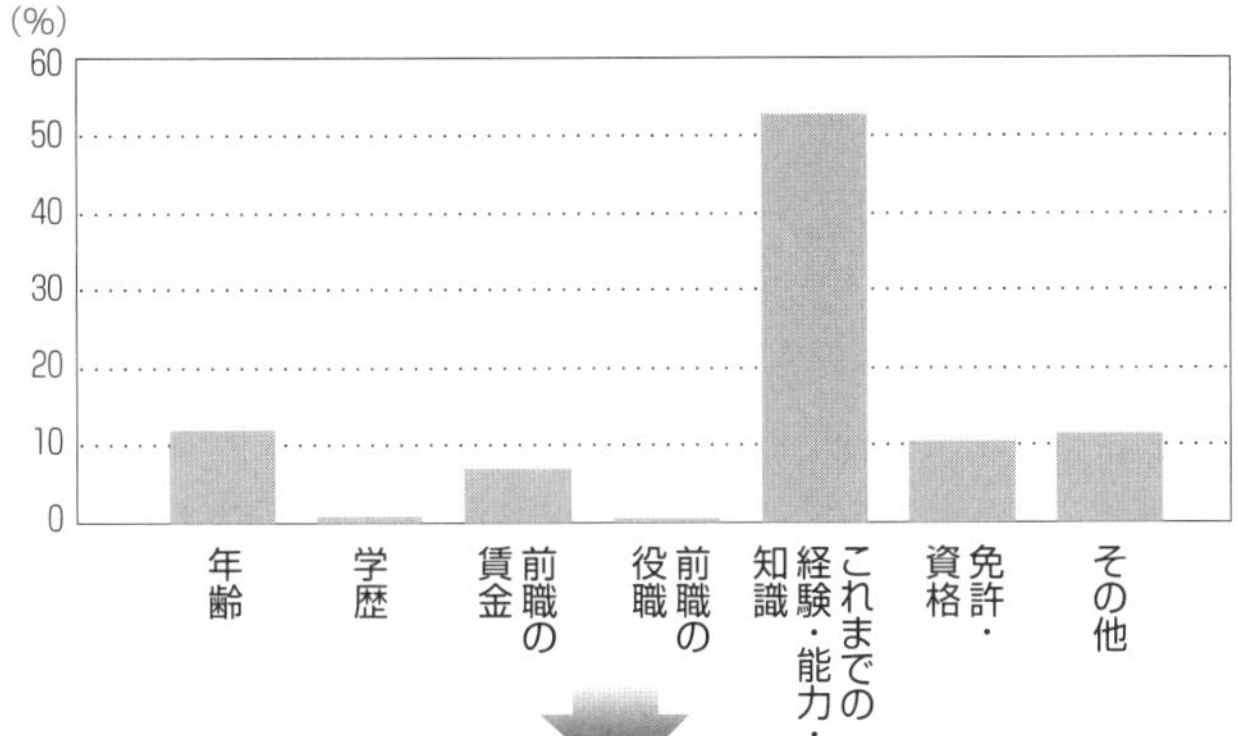

経験を武器にできる
転職希望者にとって売り手市場といえる

平成27年度「転職者実態調査」(厚労省)

また、コロナ禍という時期だからこそ、あえて積極的な採用をしようという企業も増えています。

たとえば、大きな変革を試みている企業、コロナ禍によってニーズが高まった企業、あるいはビジネスチャンスととらえている企業、コロナ収息後のビジネスを見据えている企業などです。

ちなみに平成27年の転職者実態調査の、企業が転職者の処遇決定のポイントとしては、「これまでの経験・能力・知識」という項目が断トツです。中途採用という特性上、こうした企業側のニーズ自体が大きく変わっているとは思えません。ぜひ「経験」を武器に、前向きに転職市場へ挑んでください。

12 売り手市場・買い手市場に惑わされないために

業種や職種によって転職市場は変化する

売り手市場と買い手市場

転職には「自分を売り込む」あなたと、あなたの「価値を評価し、採用しよう」とする企業の双方が微妙なバランスをとりながら市場を形成しています。

あなたのような人がたくさんいて、誰もが転職したがれば、供給過剰となり受け入れてくれる企業の門は狭くなります。反対に企業の側に仕事が増え需要が多くなれば、人材が不足し希望者は皆採用されるでしょう。

どんな市場も、需要と供給のバランスの上に成り立っているので、均衡が崩れれば「売り手有利」、「買い手有利」の傾向が顕著になって表れてきます。

転職市場でいえば、転職希望者は「売り手（供給側）」になり、採用者に給料を払う企業が「買い手（需要側）」という図式になってきます。

「売り手市場」とは需要が多いのに供給が少ない「売り手有利」の状況を指し、「買い手市場」とは供給側の多さに比して需要が少ない状態をいいます。

売り手・買い手市場の概念図

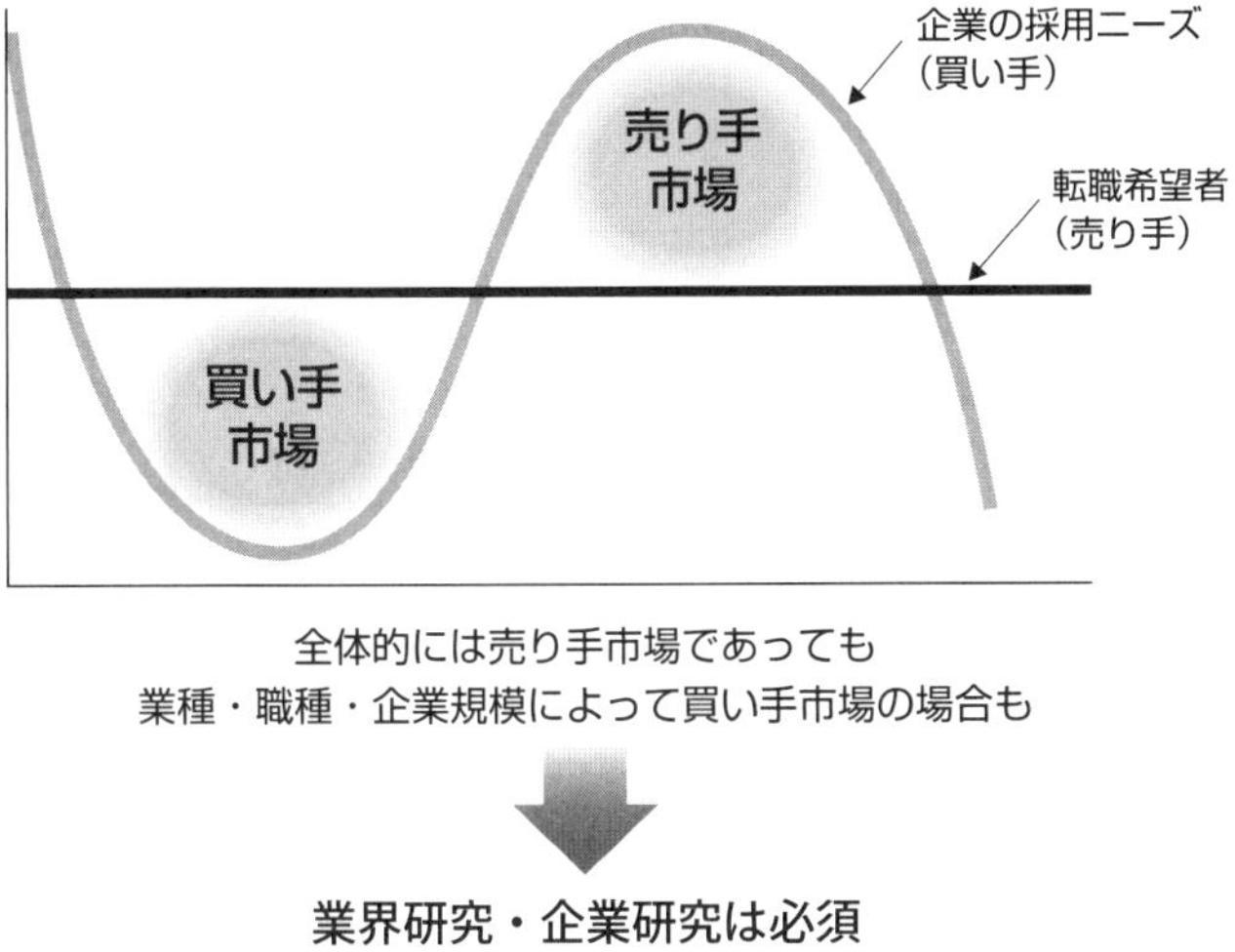
企業の採用ニーズ
（買い手）
売り手
市場
転職希望者
（売り手）
買い手
市場
全体的には売り手市場であっても
業種・職種・企業規模によって買い手市場の場合も
業界研究・企業研究は必須

転職希望者の数に比べ企業がより多くの採用枠を設ければ、売り手は企業や仕事を選別できます。その逆に、企業の採用枠が少ないところへ転職希望者が殺到すれば、企業の方が人材をふるいにかけられます。

この需給バランスは、一般経済状況にも影響されますが、**業種や職種、あるいは企業規模によるところもあり、必ずしも同一とは限りません。**

それは新型コロナウイルスの影響が出ている現在も変わりません。業界研究、企業研究を怠らず、転職市場の需給バランスを注視することが必要です。

13 40代、50代の転職市場が変化している

終身雇用制が形骸化したことがチャンスを創出

転職市場は従来20代、30代を中心に成り立っており、求人の多くもその世代に集中していました。

主に男性の場合ですが、40代、50代の正社員比率は90％と高く、転職者を必要としない状態が続いていています。これは日本特有の終身雇用制によるところが大きく、40代、50代の転職はリスクが高いと思われていたことの論拠でもあります。特に50代は定年が視野に入ってくる時期でもあり、無理をして冒険をすべきではないと思われてきました。

◉――終身雇用制の形骸化が40代、50代に与える影響とは？

平成30年「雇用動向調査」の「年齢階級別入職率・離職率」（男性）でも**35歳を過ぎると急激に減ってきます。**40代、50代では7％以下の数値が並んでいます。確かに**40代、50代の転職市場は受け皿が小さい**といわざるをえません。

しかし、今や終身雇用制は形骸化し、一生を一つの会社で勤め上げることなどまれな事例になってきています。かつて〝企業の寿命は30年〟といわれたこともありますが、そう

年齢階級別入職率・離職率

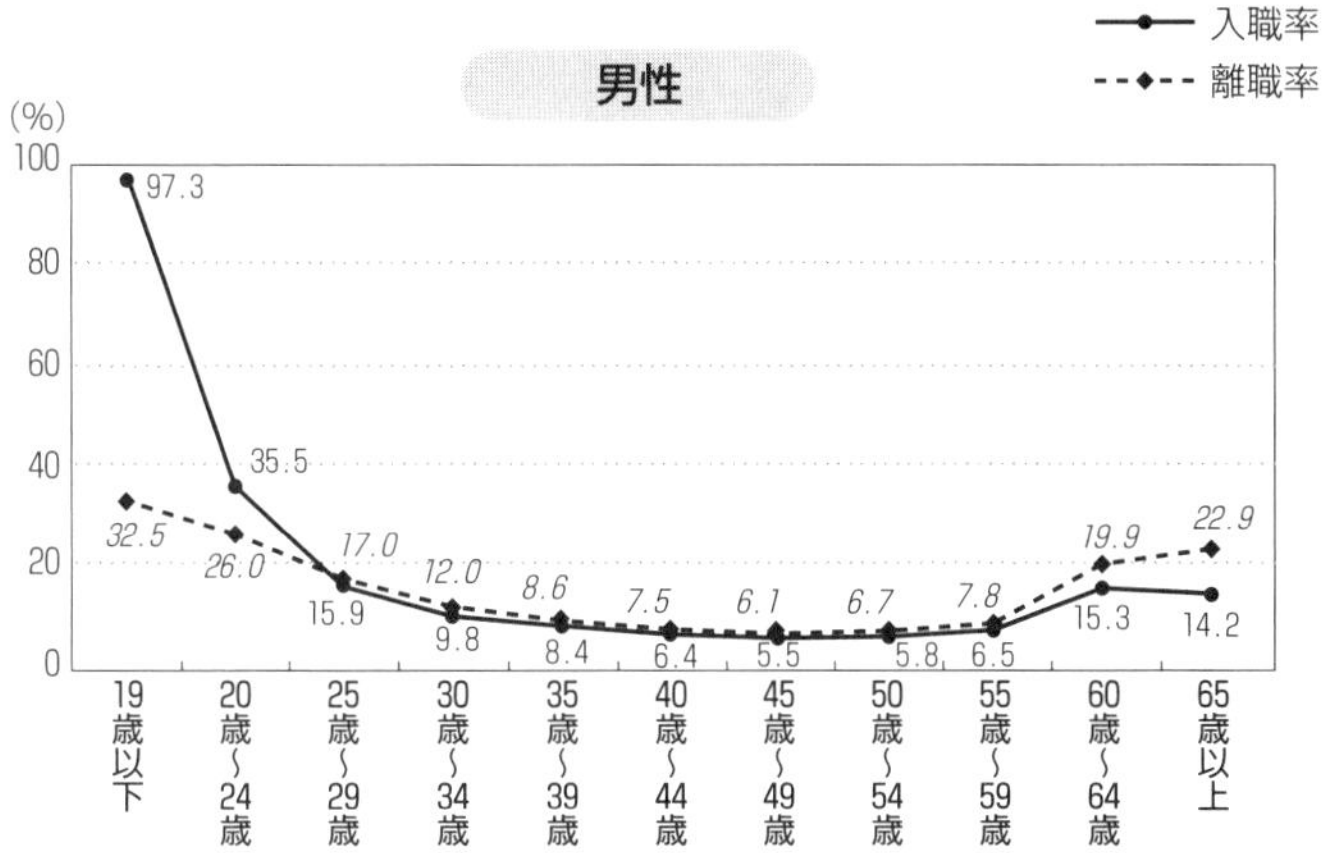

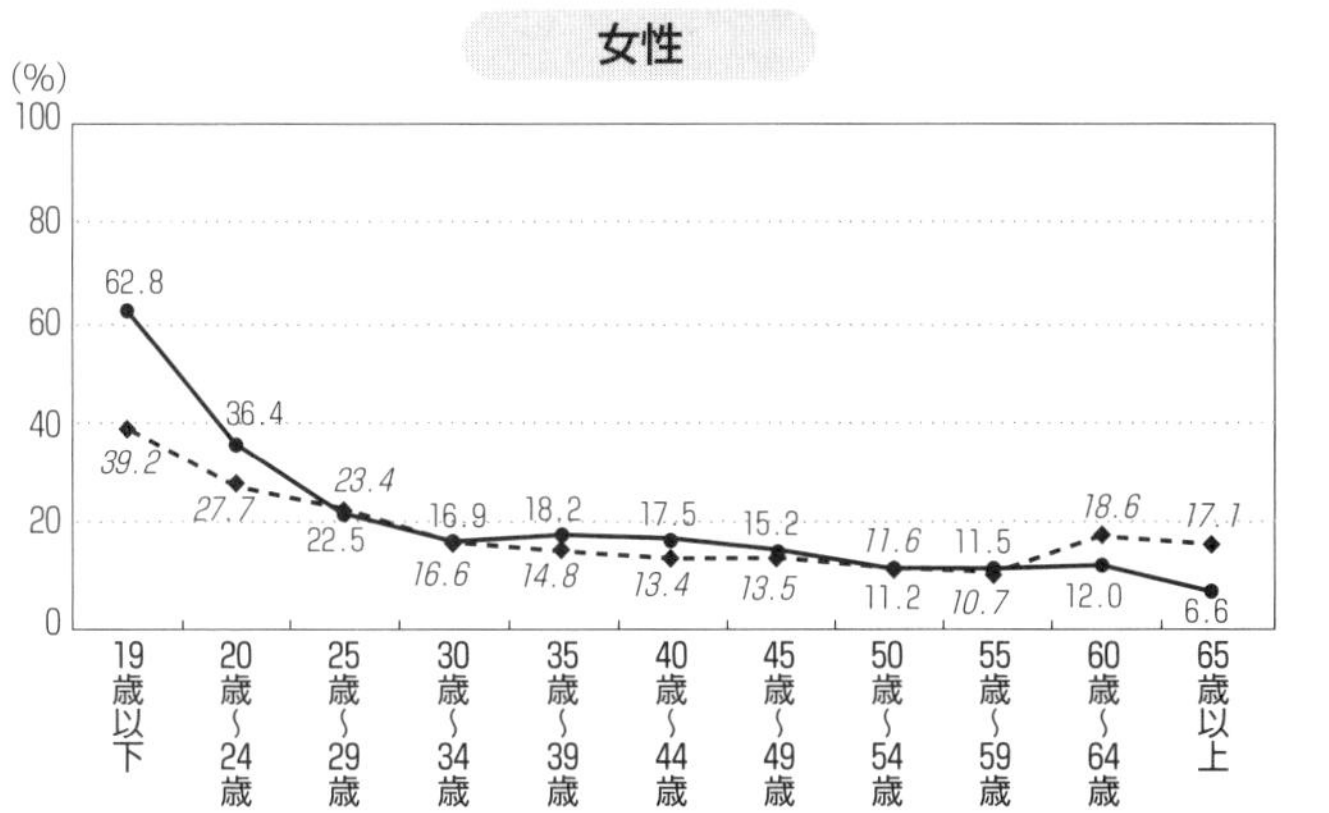

40代、50代の転職は難しい？

平成30年「雇用動向調査」（厚労省）

すると勤労年数よりも短命です。終身雇用されても、会社がなくなってしまえば転職せざるをえなくなります。

それは極端だとしても、近年は労使ともにあまり終身雇用にこだわらなくなってきています。

◉――管理職としてステップアップのチャンス

「定年までこの会社で働き続けるのか」と疑問に思うサラリーマンもいれば、「会社に不満があるけど、転職できるかな」と迷う会社員もいるでしょう。有能なビジネスパーソンは「いいところがあれば転職したい」と機会をうかがっています。

一方**企業は即戦力を求めて40代、50代のキャリアに触手を伸ばし、門戸を広げています。**

企業が転職者を採用する理由として、「管理的な仕事」の職種では「専門知識・能力がある」「経験を生かし即戦力になる」が高い比率で挙げられます。

この資質こそ40代、50代ならではのもので、転職には優位に働きます。

40代はビジネス人生の中間点で、定年まであと20年もあります。転職して新たにスタートするにしても、遅すぎるということはありません。

また、50代での転職は、管理職としてステップアップするチャンスです。積み上げたス

転職者の採用理由に見る企業の採用動向

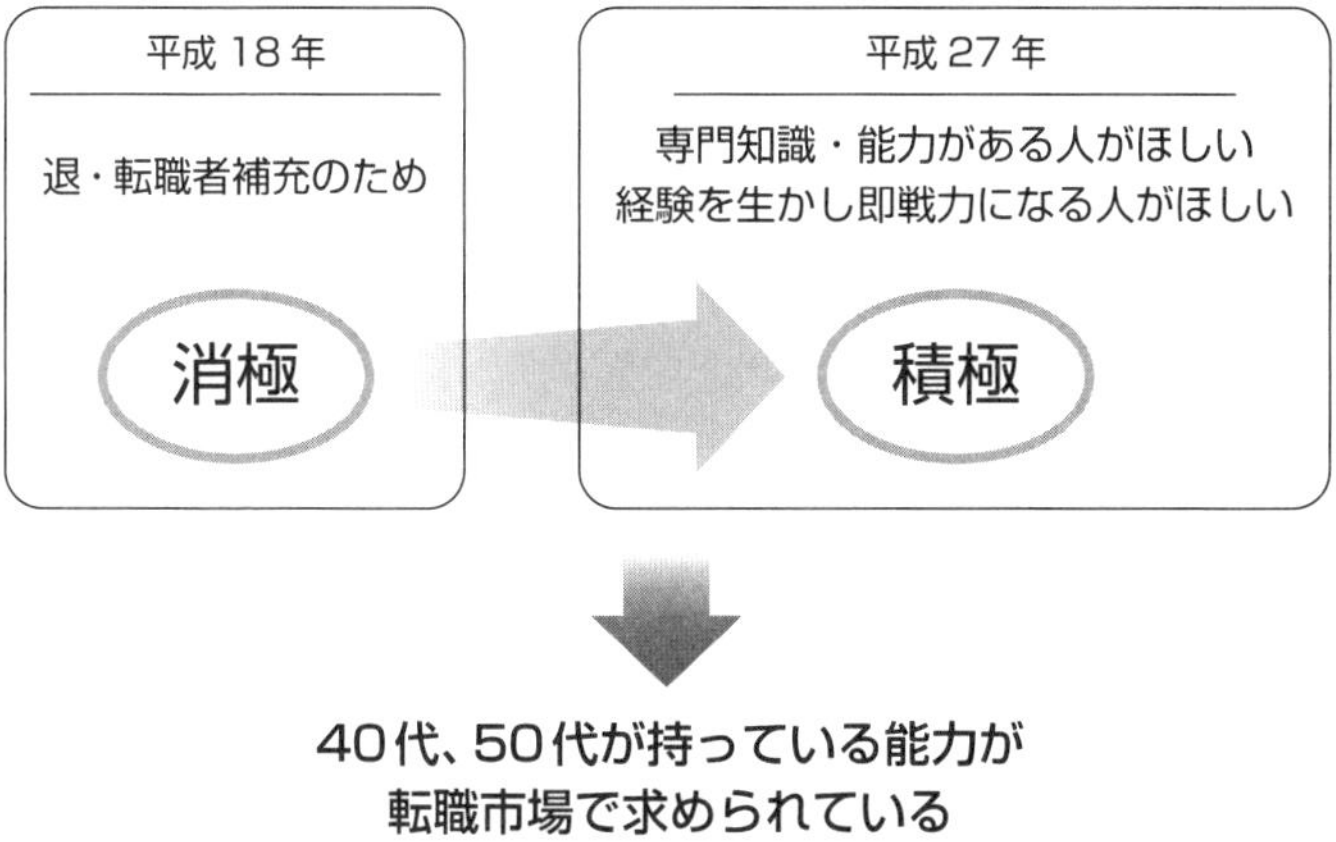
平成 18 年
退・転職者補充のため
消極
平成 27 年
専門知識・能力がある人がほしい
経験を生かし即戦力になる人がほしい
積極
40代、50代が持っている能力が
転職市場で求められている

キルを生かし後進を育てるという意識をもって、会社と社会に貢献できる転職をめざしましょう。

転職市場全体の市況感が上がってきていることもあり、40代、50代の転職市場もポテンシャルが高まっているといえるでしょう。

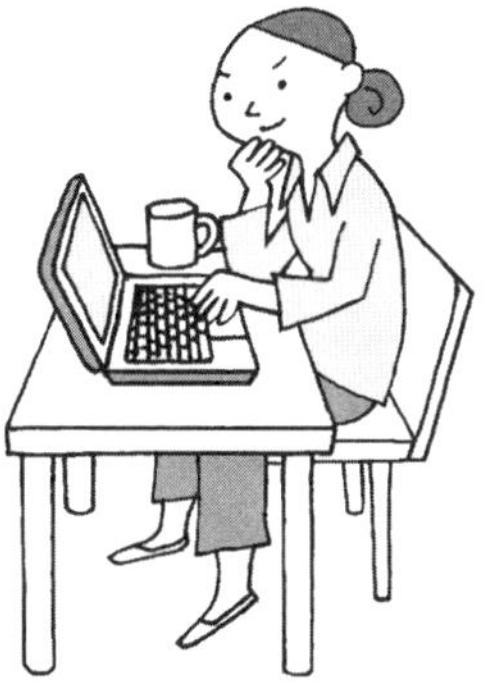

14 転職プランニングの重要性

スケジュールやマネープランの計画をきちんと立てること

◉─転職活動は家族や周りの人に支えられている

転職は、今日決意して明日できる、というものではありません。決意してから希望の会社で働き始めるまで、ひと月かふた月、長ければ半年や1年もかかってしまいます。

働きながら転職活動をするにしても、退職後に就職活動をする場合でも、あなただけでなく、あなたの周囲の人々にも負担がかかります。思いつきや気まぐれの行動では、あなたの希望がかなわないばかりか、周りの人にも迷惑をかけかねません。

良い転職をする人は、たいてい周りの人たちの協力に支えられています。とくに家族の支えは大きな力になります。あなたが失業している時の経済的な支えや、留守中に応募先からの電話を受けてもらうかもしれませんし、何よりも、**精神的な支え**になってくれることがありがたいことなのです。

転職プランニングは、計画をつくることによって、退職金の計算や雇用保険の受け取りのマネープランなど、きちんと立てておかなければなりません。

転職プランニングをしよう

情報収集・分析

▶第Ⅱ部 第1章・第2章

応募先決定、書類作成・発送

▶第Ⅱ部 第3章

面接・筆記試験

▶第Ⅱ部 第4章・第5章

内定

▶第Ⅱ部 第6章

退職の準備、諸手続き、挨《あい》拶《さつ》回り

▶第Ⅰ部 第2章

入社、初出勤

▶第Ⅱ部 第6章

15 あなたに合う会社を選ぼう

転職は「お見合い」と同じ。あなたの「ウリ」を相手に伝えよう

◉—両思いの会社を探すにはまず自分のやりたいことを考える

一筋縄ではいかない転職の実情を知っても、あなたの転職への情熱は揺らぎませんでしたか？　転職には時間や労力、さらに費用もかかります。また、能力や技術があっても思い通りの企業に入社できる保証はありません。新しい分野に挑むなら、今までの経験や実績が役に立たないこともあります。

迷い、悩みながらそれでも突き進む覚悟はありますか？　脅かすつもりはありませんが、**一度踏み切ったら後戻りはできません**ので、肝に銘じてこの道を進みましょう。

転職は**「お見合い」**のようなものです。あなたに素晴らしい能力があっても、それを必要としない会社には見向きもされない代わりに、相手企業の採用条件とあなたの**「ウリ」**が一致した時は、とんとん拍子に入社の段取りが決まっていきます。

そんな「両思い」の会社を探すには、会社選びの基準を自分のなかで決めておくことが重要です。何度も言うように「自分のやりたいこと」を突き詰めて考えましょう。

会社選びの自分基準をつくる

職種と仕事内容

「自分のやりたいこと」を考える

働き方

雇用形態～正社員、パート、派遣社員か、
あるいはフリーの業務委託、代理店契約かなど
それぞれの利点、欠点を知ったうえで、働き方
の選択基準をつくる

働ける時間や休日のとり方もライフスタイルに
合わせて決める

勤務地、通勤時間、希望給与額、社風、職場環
境も自分基準を設ける

16 最後の判断をくだすために

最終チェックポイントで迷いを振り払うこと

この章の最後に、もう一度転職の決意を検証してみましょう。ほとんどが前述している項目なので、改めて説明することはありませんが、基本的なことなので必ず次ページの項目をチェックしてください。

これらを検証して、回答に迷いがあるなら再考する必要があります。今の会社の上司に相談することも1つの方法かもしれません。場合によっては「自分は転職に向かない」「今は転職する時期ではない」「家族のことを考えると冒険はできない」と、転職を断念することもあるでしょう。その場合は、ともかく実力をつけて将来の転職に備えてください。

◉——迷いを振り払ってわが道を堂々と歩こう

最終的判断をくだすのはあなた自身で、ほかのだれでもありません。これらのことを考えに入れたうえで、なお「転職したい」と思うのなら、堂々とわが道を進んでください。

この本は、そういうあなたを「良い転職」に導くための本です。全面的にバックアップしますので、最後まで読み進め、どうぞ「良い転職」を勝ち取ってください。

転職決意の最終チェックポイント

①転職後の自分をイメージできますか？

- □ 現状に対する不満だけで会社を辞めようとしていないですか？
- □ 現状の問題を解決して、辞めないでいる自分がイメージできますか？
- □ やりたい仕事のイメージが具体的に浮かびますか？

②自分の評価ができていますか？

- □ 自分の“ウリ”と言えるものがありますか？
- □ その時の経済状況などから、あなたを“買って”くれそうな会社がありますか？
- □ 第三者の評価や意見を聞きましたか？

③転職の意味がわかっていますか？

- □ 転職のリスクについて認識していますか？
- □ 失業の備えはできていますか？
- □ 転職で得るものと失うもののバランスを考えていますか？

第Ⅰ部　あなたの転職を成功させるには

第2章

まず、退職に向けての諸注意

1 どうすれば円満退職ができるのか？

上司に報告し、引き継ぎや残務処理に全力を尽くすこと

◉──転職は「円満退職」でなければいけない

転職を決意したら、第1に**退職のための準備**をしなければなりません。

どんな場合であっても、退職する時は**「円満退職」**でなければいけません。どのような原因があろうとも、ケンカ別れのような形で会社を辞めては、転職した先の人事担当者が前の会社に問い合わせをした際に悪く言われ、転職先で居づらくなってしまいます。

まず会社の規約をよく読み、退職の通告は規定通りに円滑に上司に報告します。それに基づき時間を十分にとって、退職に備えましょう。

あなたの退職は何らかの形で会社や引き継ぐ社員、仕事仲間、取引先までも、円滑に仕事を進めるうえで迷惑をかけてしまうものです。

だからといって「早めに言えばいいだろう」と「会社を辞めます」とあちこちで吹聴して歩くのは感心しません。**退職の公表は会社の仕事**であり、**自分から言うのは本来はルール違反**です。公表されてから、引き継ぎや残務処理に全力を尽くすことが社会人としての常識です。

円満退職へのスケジュール

退職までのプランニング開始

P72参照

上司への報告

P78参照

退職日の設定

上司と相談のうえ決定

P78参照

退職願の提出

P80参照

引き継ぎ、残務処理

P82参照

円満退職

P86参照

2 転職活動は退職してからするか、在職中からするか？

あなたにとって安全な退職を選ぼう

◉——どちらにもメリットとデメリットがあるが…

「転職活動はいつ始めたらいいいか」というのは重要な問題です。**退職してから始めるか、在職中から仕事を続けながら次の会社を探すか、**そのどちらかということになります。

退職してからの就職活動は、お金の問題が大きな壁になります。自己都合で退職した場合、雇用保険が支給されるのは、早くても4カ月後です（第Ⅰ部第3章参照）。しかし、税金や保険の支払いは待ってくれません。もちろん、家賃や生活費といった支出もあり、転職活動の資金も自分で支払わなくてはなりません。すぐに採用が決まればよいのですが、長引くようだと経済的に厳しくなることは覚悟しなくてはなりません。

それに対して、在職中に転職活動ができれば、お金の問題はなんとかクリアできます。しかし「時間がとれない」という別の問題が生じてきます。企業研究の時間がなかったり、面接の時間が調整できなかったりと、チャンスを逃してしまう可能性があるのです。

できれば、就職先が決まってから退職したほうが安全です。

あなたはどちらを選びますか?

	退職してから就職活動をする場合	在職中に転職活動をする場合
メリット	○時間が自由になり、資格をとるための受講も可能になる ○複数の会社の面接などにもすぐに対応できる ○情報収集・企業研究が十分できる ○心身のリフレッシュ・充電ができる ○雇用保険が受給できる	○収入が保障されているから、じっくり探せる ○不採用でも失業の恐れがない ○時間をかけてやりたい仕事だけを選ぶことができる ○転職に伴う手続きを自分でしなくてもすむ
デメリット	○無収入だから生活が苦しい ○不採用が続くと焦りが生じる ○早く決めたいからと妥協しやすくなる ○失業状態が続くと意欲が減退し、技術も鈍る ○生活が不規則になり、自己管理が甘くなる	○企業研究する時間がない ○いい情報に対し迅速な行動がとれない ○転職活動していることを会社に隠さなければならない ○新しい技術や資格を身につけるヒマがない ○気持ちの切り替えがむずかしい ○早期出社ができないので、選考で不利になる

★メリット、デメリットを参考に、安全を心がけて転職活動を始める時期を決めましょう。

◉——転職の時期を決めるための3つのポイント

転職活動を始める時期をいつにするか、決定するために考えなければならないポイントを挙げてみましょう。

第1のポイントは**「蓄えがどのくらいあるか」**です。自己都合で会社を辞めると、簡単には雇用保険が給付されません。3～4カ月先まで無収入で生活できるか、預金通帳と相談します。経済的な余裕がないと、転職活動にも焦りが生じてしまいます。やりたくない仕事でも、妥協してしまうことになりかねません。

第2のポイントは**「採用活動が活発な時期であるか」**です。一般的に、中途採用の募集が増えるのは1～3月、7～9月とされています。いずれも決算期の前で、経営の見直しをはかるため人員の補充を決定することが多いのです。また、どちらもボーナスの後で、ボーナスをもらって辞めた人の補充をするという意味合いもあるようです。募集の多い時期に転職活動をするほうが選択の幅が広がり、良い企業に出合う可能性が高くなります。

第3のポイントは**「今の職場が繁忙期を迎えていないか」**です。あなたが抜けることでほかの人の負担が増えるのでは、円満退職とはいえません。現職のまま転職活動をするとしても、会社の繁忙期を避けて動くのは、人として当然のことです。

「転職の時期」を見極めよう

預金通帳と相談しよう

採用活動が活発な時期は1～3月と7～9月

会社の繁忙期は避けて動こう

3 上司への報告はしっかり！

はっきり伝えることが何より大事

◉――上司にはできる限り早めに「相談」しておく

転職をする際、必ず通過する経路として、在職していた会社の**「退職」**があります。退職願を提出し受理されてから「退職」となるのですが、退職願を提出する時に上司とトラブルが生じやすいのです。

なので、上司には早めに相談という形で報告をしておきましょう。社内規定で「退職は退職日の1カ月前に告知」などとなっている場合は、それが切り出す目安になります。しかし、仕事の引き継ぎなどで1カ月前では厳しい場合もあります。

相談は、勤務時間外に**「個人的な相談があるのですが」**ともちかけ**「熟慮した末の結論」**という言葉で退職の決意が固いことをはっきり伝えることが重要です。

上司には、「脅迫型」、「泣き落とし型」、「改善型」の3タイプがあります。

上司にもいろんなタイプがありますので、次ページの対処法を参考にしてください。

「トラブル上司」を避けるコツ

1 脅迫型

「この業界で生きていけなくしてやる」と脅すタイプ

……〉**対処法** 脅迫型上司を恐れる必要はない。事務的に淡々と退職するにかぎる

2 泣き落とし型

「なんとか考え直してくれ」と懇願するタイプ

……〉**対処法** すがる上司には、情を断ち切る。自分の道を歩こう

3 改善型

「不満があるなら改める」と改善案を提案するタイプ

……〉**対処法** 改善型上司なら自分を深く見つめること。最終的には自分の意思

4 あなたのけじめのためにも退職願はきっちり書こう

円満退職するには、退職願を提出すること

◉会社に退職の意思を正式に伝える手段が「退職願」である

上司に退職の意思を伝えてあったとしても、**「退職願」**という文書を提出しなくてはなりません。「退職願」が出ないと会社として受理できません。「退職願」には決まった書式がありますので、円満退職のためにも、書式通りに書いておきましょう。

① 表題は「退職願」とする。「退職届」「辞表」は避ける。
② 書き出しは「私事」「私儀」。下段に置くことで、へりくだりを表す。
③ 「一身上の都合」で退職理由は詳しく書かない。
④ 退職予定日を明記。規定により1カ月後に合わせる。元号使用。
⑤ 届け出年月日を記入。書いた日ではなく、会社に提出する日とする。
⑥ 正式な部署名を書く。社内用略号などは使わない。
⑦ 氏名はあて名より下方に書き、押印する。
⑧ 提出するのは直属上司でも、あて名は最高責任者である社長。敬称は殿。

これで完ぺき!「退職願」

退職願①

私事②

③一身上の都合により、来る令和二年十一月三十日④をもって退職いたしたく、ここにお願い申し上げます。

令和二年十月三十一日⑤

営業部第一課⑥

森野哲平(森野)⑦

株式会社フォレスト商事

代表取締役社長 田中和夫殿⑧

5 引き継ぎ、残務処理のスケジュール

⬇意外に大切な引き継ぎ、残務処理

◉――引き継ぎ・残務処理をスケジューリング

退職日が決定したら、上司と引き継ぎについて相談しましょう。退職1カ月ほど前から1週間前まで業務の引き継ぎをし、引き継ぐべき事柄を整理し、スケジューリングしましょう。引き継ぎに万全を期して臨むためには**引き継ぎノート**を作成すると有効です。

仕事の内容や手順、資料の保管場所から収集方法まで、できるだけ詳しく記したノートを作成し、これをもとに相手に説明します。さらに説明漏れを防ぐため**引き継ぎチェックリスト**に✓印をつけましょう。引き継ぎが済んだら、そのノートを後任者に渡しましょう。

◉――後任者を連れての挨拶回り

後任者を連れての挨拶回りは、社内の関係部署だけでなく、社外のお得意様や関連・協力会社、仕入れ先などにとってとても重要です。大切なことは、後任者を立て自分は脇役に回ることです。後に人脈をつなげるためにも、挨拶回りは欠かせない仕事なのです。

「引き継ぎ」チェックリスト

□ 引き継ぎの手配を上司と相談する
□ 引き継ぎノートを作る
□ 業務全体と社内での位置づけの説明
□ 業務内容の詳細説明
□ 個別業務のポイントと進《しん》捗《ちょく》状況
□ 個別業務の優先順位
□ 個別業務ごとのトラブル発生例と処理法
□ 個別業務ごとの今後の見通し
□ 必要書類・資料の所在、保存法と活用法
□ 書類の書式と書き方
□ 参考図書・雑誌・新聞等情報源
□ 業務に関連する人脈（社内・社外）
□ 取引先別仕事の経緯と業務のポイント
□ 取引先別担当者の人柄・好み・接待に使う店など
□ 取引先別起きやすいトラブルと対処法
□ 先輩や上司の性格とつきあい方（社内）
□ 自分の退職後の連絡先
□ これらをまとめた「引き継ぎノート」を渡す
□ 残る在職期間の仕事のスケジュールを調整する
□ 後任者を連れて挨拶回りをする
（社内　□上司　□部署　□先輩・同僚
社外　□クライアント　□取引先　□出入り業者
□協力・関係会社）
□ 挨拶状を印刷する

6 なぜ、挨拶状が必要なのか？

新たな人脈が広がるきっかけになる！

●──1週間前になったら挨拶状づくり

退職の1週間前になったら、在職中にお世話になった人たちに**お礼の挨拶状**を出す準備を始めましょう。普段からつきあいのある人だけでなく、名刺を交換しただけの人、疎遠になっている人にも出しましょう。これがきっかけでつきあいが復活するかもしれないし、新たな人脈が広がるかもしれません。

●──挨拶状の内容

①頭語。書き出しの書式を踏襲する。
②安否、時候の挨拶など前文。決まり文句がある。
③「私」の文字が下になるよう配置する。
④退職日を示して、お世話になったお礼を述べる。
⑤新しい就職先への入社を知らせる。
⑥今後に対する決意や抱負を述べる。
⑦指導・支援を願う言葉も定番。
⑧簡略な挨拶をわびる常套《じょうとう》句。
⑨結語。頭語と符合させる。

挨拶状はきっちり書こう

①拝啓

②皆様にはますますご清栄のこととお慶び申し上げます。③私、

④本年七月末日をもちまして、株式会社フォレスト商事を円満退職いたしました。

同社在職中は格別のご厚誼を賜り、厚くお礼申し上げます。

⑤現在はリバー建設株式会社に勤務しておりますが、

⑥決意も新たに新職務に取り組んでまいりますので、⑦一層のご指導ご鞭撻を賜りますようお願い申し上げます。

⑧まずは略儀ながら書中をもってご挨拶申し上げます。

⑨敬具

平成三十年八月

神奈川県川崎市麻生区片平七丁目○番○号

川田伸彦

7 退職日当日に笑顔で挨拶するために

最後まで気を引き締めていこう

◉——返却すべきものは返して、必要なものは受け取る

退職日当日は早めに出社し、デスクやロッカー周りを清掃しましょう。会社から貸与された備品は机の引き出しに収め、書類やデータの入ったディスクなど機密に関するものは、後でトラブルにならないよう、とくに注意して返納しましょう。

会社から支給されて、退職時に返さなければならないものは、担当部署に返却します。たとえば、健康保険被保険者証、身分証明書、社員証、鍵など、名刺も余っているものは返却し、通勤定期券は退職日までに清算しておきましょう。

転職先の企業に提出しなければならないものもあるので、会社からは①雇用保険被保険者証②年金手帳③源泉徴収票④離職票の４種の書類を、しっかり確認して受け取りましょう。

すべてが終わったら、上司や職場、お世話になった人たちに**笑顔で挨拶**しましょう。

退職日当日にすることチェックリスト

□早めに行ってデスク・ロッカー周りの清掃

□私物と返却すべきものを分ける

□文具、事務用品、備品は机の引き出しにまとめる

□返却すべきもの

□健康保険被保険者証　□身分証明書
□机・ロッカー・部屋の合鍵　□社員証・社員バッジ
□制服・作業着　□ヘルメット・作業靴　□名刺
□通勤定期券　□書類・図面　□CD・FD（データ）
□会社の経費で買ったもの

□上司へ引き継ぎの完了を報告する

□職場の同僚や世話になった人へ挨拶する

□受け取るもの

□雇用保険被保険者証　□年金手帳
□源泉徴収票　□離職票（後日郵送される）

8 転職先の会社が決まっていない時は

健康保険・年金・雇用保険の受給手続きをしよう

◉——あなたが退職したらすべきこと

退職はしたが転職先が決まっていないという場合は、すべきことがたくさんあります。会社を辞めると、加入していた健康保険から脱退しなければなりません。脱退の手続きは会社がやってくれますが、次にどの保険に入るかは自分で決め、手続きをします。

しかも「任意継続」を選べるのは20日以内の期限つきなので急がなくてはなりません。**厚生年金からも脱退します。**転職の予定がなければ**国民年金に加入する**のが通常です。

雇用保険の受給の手続きもしなければなりません。これにはいくつか持参するものがあります。**①雇用保険被保険者証②離職票③運転免許証などの本人確認証（ただしマイナンバーカードがある場合不要）④証明写真⑤印鑑⑥普通預金通帳⑦マイナンバーの番号を証明するもの（マイナンバーカード、通知カード、住民票記載事項証明証）**の6つです。これを持ってハローワークに行き、所定の手続きをします。ここで受給資格が認められると、自己都合退職の場合、4カ月先に失業給付が受けられるのです。

手続きに必要なものチェックリスト

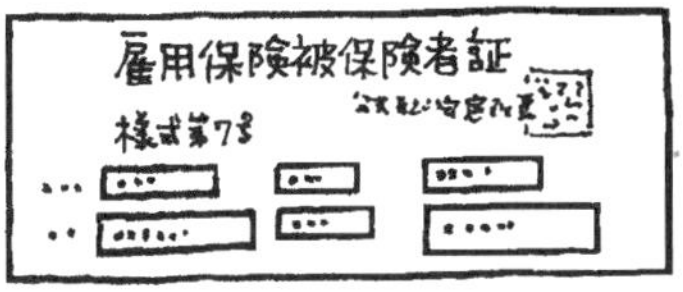

□ 雇用保険被保険者証

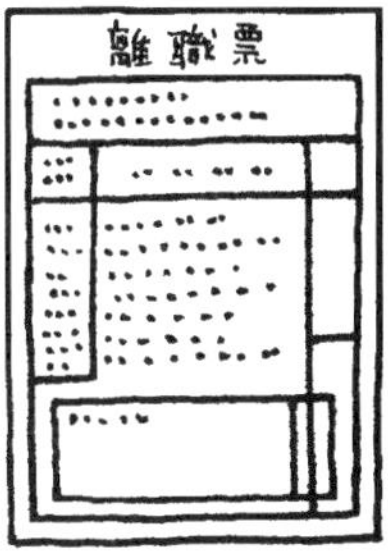

□ 離職票

□ 運転免許証など
本人確認証

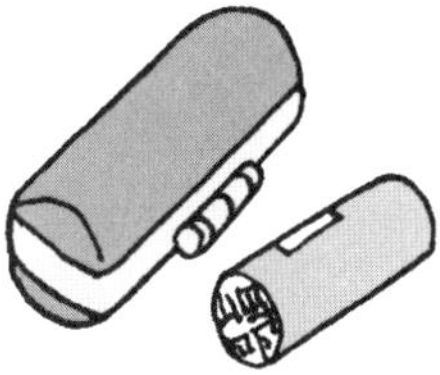

□ 印鑑

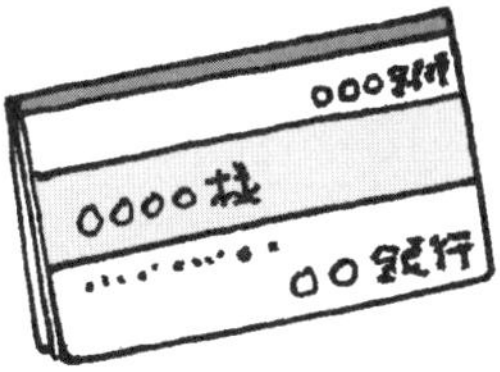

□ 普通預金通帳

□ マイナンバーの
番号を証明するもの

□ 写真1枚
(縦3センチ×横2.5センチ
正面上半身)

その年のうちに再就職が決まらない場合は、翌年確定申告をすれば、還付が受けられます。それらを待つより、新しい職場を探して早めに転職しましょう。

第Ⅰ部 あなたの転職を成功させるには

第3章

知らなきゃ損する
税金・社会保険の手続き

1 健康保険の手続き

「国民健康保険」か「健康保険任意継続」のどちらかを選ぶ

◉━手続きをしないと保険による恩恵が受けられなくなる

退職をすると、しなければならない手続きがいくつかあります。

「社会保険」と**「税金の手続き」**です。間をおかずに次の会社へ移れるなら、手続きは転職先の会社でやってくれますが、失業期間があるようなら自分でしなければなりません。

放っておくと、当然受けられるはずの保険による恩恵が受けられなくなりますから、損をしてしまいます。保険と税金の知識を身につけて、賢く立ち回りましょう。

◉━国民のすべてが加入する皆保険制度

社会保険とは、「健康保険」「年金」「雇用保険」の3つの総称です。国や組合が保険者となり、従業員である被保険者を守る仕組みができています。保険料はそれぞれが案分し、負担を分け合っています。

基本的には、「国民皆保険制度」といって、国民のすべてがこれらの社会保険に加入することになっています。そのため、会社を辞めたら何らかの保険に加入手続きをしないと、いわゆる「無保険者」になってしまいます。

◉──何か手を打たないと何倍もの医療費がかかる

「健康保険」は、いわゆる医療保険で、病気やケガなどの治療費を補填《ほてん》してくれる制度です。いくつかの種類がありますが、主なものは、「政府管掌健康保険」「組合管掌健康保険」「国民健康保険」の3つです。

会社で加入しているのは、ほとんど前2つの保険なので、これをまとめて単に「健康保険」と呼びます。「国民健康保険」は「国民健保」と呼びます。

退職すると、今まで入っていた健康保険から抜けることになります。すでに転職先が決まっていれば、その会社が加入している健康保険に入ることになります。

しかし、決まっていない場合や「無保険者」は、自分で何か手を打たないと、たとえばカゼをひいて医者に行っただけでも、治療費は全額自己負担で、かつての何倍もの医療費を払わなければならなくなります。

◉──「国民健康保険」と「健康保険任意継続」のどちらにするか

　では、どんな手を打てばいいのでしょうか。方法は2つあります。

　1つは、**国民健康保険に加入**することです。「国民健保」はほかの健康保険に加入していない人が対象で、管轄するのは住民登録をしている役所です。保険料は市区町村によって異なりますが、前年の収入が計算の基礎になります。転職して会社の健康保険に加入したら、資格喪失の手続きをします。転職活動が長引きそうな人におすすめします。

　もう1つは、**「健康保険任意継続」**の利用です。これは、退職した会社の健康保険に引き続き加入できる制度です。条件としては、加入期間が退職日まで継続して2カ月以上必要です。この制度が利用できるのは退職してから2年間が原則で、保険料は全額自己負担になります。在職中は半額が会社負担ですから、ほぼ2倍の保険料を自分で払うことになります。

　どちらを選ぶかは、保険料の額によって異なるので、自分の場合いくらになるのか、調べてみる必要があります。国民健保の保険料は所在地の役所、任意継続制度の保険料は所在地を管轄する社会保険事務所、または健康保険組合事務所へ問い合わせをしましょう。

退職後にすべき手続きは「社会保険」と「税金」

社会保険

①健康保険　②年金　③雇用保険

健康保険

「政府管掌健康保険」「組合管掌健康保険」
「国民健康保険」

— 退職後の選択肢 —

①国民健康保険に加入する
②健康保険任意継続を利用する

国民健康保険

手続きする場所……所在地の役所
手続き期間……退職日翌日から14日以内

持参するもの

□離職票(退職日がわかるもの)　□マイナンバー
□印鑑　□身分証明書
(地域によっては□健康保険資格喪失証明書
□源泉徴収票)

納付方法
　送られてくる納入通知書に従い担当窓口か金融機関で

任意継続被保険者制度

手続きする場所……所在地の社会保険事務所または健康保険組合
手続き期間……退職日翌日から20日以内

持参するもの

□印鑑　□住民票　□資格取得申請書(退職前の保険証番号が必要なので、メモしておく)　□保険料(1～2カ月分)

2 国民年金の手続き

将来、年金を受給するために、しっかり払おう

◉──国民年金は20歳から59歳までの人がすべて強制加入

年金制度とは、老齢や退職、疾病、死亡などによる所得喪失に対する保障で、一定の金額が定期的に給付される制度です。運営主体によって公的・私的年金に区分されます。公的年金には、「厚生年金」「共済年金」「国民年金」があり、加入する対象が異なっています。ただし、「国民年金」だけは、20歳から59歳の人が全員加入することになります。

国民年金の被保険者は、自営業者、農・漁業従事者など自分で保険料を納める第1号被保険者、会社などに勤め厚生年金や共済年金に加入している第2号被保険者、第2号被保険者に扶養されている配偶者の第3号被保険者に区分されています。

会社員は厚生年金に加入していますから第2号被保険者になります。しかし、会社を辞めると自動的に厚生年金から脱退するので、第1号被保険者に変わります。第1号被保険者は自分で保険料を支払うことになりますので、変更があった場合は届け出をしなければなりません。

年金制度のあらまし

公的年金

①国民年金…強制加入
②厚生年金…民間会社に勤める人が加入する
③共済年金…公務員などの共済組合員が加入する

年金制度のあらまし

・自営業者など
　①国民(基礎)年金
　②国民年金基金〔第1号被保険者〕

・会社員
　①国民(基礎)年金
　②厚生年金
　③厚生年金基金〔第2号被保険者〕

・公務員
　①国民(基礎)年金
　②共済年金〔第2号被保険者〕

・会社員の配偶者など
　①国民(基礎)年金〔第3号被保険者〕

もし、失業中に保険料を支払わずにいると、「保険料を納めた期間が25年以上」という受給条件を満たさず、将来年金が受給できない場合もありますので注意しましょう。

◉——転職先が未定ならすぐに国民年金に加入

厚生年金は、5人以上の従業員がいる事業所において従業員を対象に支給される年金です。国民年金に上乗せして支払われるので、民間企業に入社すると厚生年金と国民年金に同時に加入することになります。厚生年金の保険料は給与の18・3%で、会社と本人が折半しています。支払い方法は給料から天引きで、毎月しっかりとられています。

国民年金は、前述の自営業者や農・漁業従事者だけでなく、学生、フリーター、無職でも毎月支払わなくてはなりません。しかも、自分で手続きをして口座振替や納付書で支払わなくてはならず、だれかがやってくれるわけではありません。

そこで、会社を退職し、転職先の会社が決まっていない時は、厚生年金から国民年金への種別変更の手続きをしましょう。これは退職日から14日以内に所在地の役所で行います。必要書類は、年金手帳と印鑑、それに離職票などの退職日を証明する書類です。配偶者のいる人は、配偶者も第1号被保険者に変わりますので、同様の手続きが必要です。

年金の未払い期間があると将来の受給額に影響するため、すぐ届け出ましょう。

国民年金の加入と手続き

会社を辞めたあと転職が決まらない場合

・国民年金加入手続き・申請期限

　退職日から14日以内、配偶者は同30日以内

・手続き場所……所在地の市区町村役場

・必要なもの

　年金手帳・印鑑

　離職票(退職日を証明できるもの)

・保険料……一律16,540円（令和2年度）

※毎年、4月より改定しています。

その後、転職が決まった場合

・厚生年金加入手続き・申請期限

　資格取得日から5日以内

・手続き場所……勤務先(代行してくれる)

・必要なもの……年金手帳・印鑑

・保険料……給与×18.3%×1/2(天引き)

3 税金の手続き

確定申告はあなたを助けます

◉—所得税は申告すると大半が返ってくる！

税金の手続きは、**所得税**、**住民税**、**退職金**にかかる税金の3つになります。

所得税は国に納付される税です。会社員でいる間は一定の税率で毎月天引きされています。いわば前払い方式で、年間所得が確定した年末に正確な税額を計算して調整します。

退職した年内に再就職をした場合は、年末調整は転職先の会社が手続きをしてくれます。前の会社で発行してもらった源泉徴収票と、生命保険、損害保険、住宅ローンなどの控除証明書や領収書を一緒に提出しましょう。

退職した年内に再就職できなかった人は、翌年の**確定申告時**（2月半ば〜3月半ば）に自分で申告します。管轄する税務署で申告書に必要事項を記入し、源泉徴収票と控除対象になる支出の証明書や領収書を添付して提出しましょう。

払いすぎている人が大半なので、確定申告をすると戻ってきます。とくに、その年の収入が103万円以下の人は非課税になり、天引きされていた税金はまるまる還付されます。

面倒がらずに必ず申告してください。あなたのためになります。

◉——住民税は前年の所得に対する税金である

住民税は、後払い方式の納税システムです。通常は、1月から12月までの所得に対する税金を、翌年の6月から翌々年の5月にかけて払います。退職して無給となっても、これまで働いた分の税金が追いかけてくるというわけです。

納税方法は、退職した月によって違ってきます。

①1月から5月の間に退職した場合は、退職月から5月までの納税額の合計を最終給与か

ら一括徴収されます。これが前々年の所得に対する税金です。前年の所得に対する税金はその後で徴収されます。

②6月から12月の間に退職した場合は、退職月の給与からその月の税額が引かれます。残りの来年5月までの分は、市区町村役場から送られてくる納付書に従って分割払いします。もっとも、退職時に給与などから一括納付することも可能です。

●——退職金に税金がかかるか、計算してみよう

あなたの退職金にも税金がかかりますが、分離課税方式がとられるので、税額は低く抑えられます。もし総合課税方式にすると、総所得が上がり、税金も高くなってしまいます。

手続きとしては、税務署にある「退職所得の受給に関する申告書」を会社に提出すれば済むことです。この書類を提出しておけば、会社が退職金から所得税を源泉徴収して、税務署に納付してくれます。この書類を提出しないと、退職金から一律20％が源泉徴収されるので、損をしてしまいます。

ちなみに、退職金にかかる税金を自分で計算することができます。あなたの退職金が課税の対象となるのか、計算してみましょう。目安は勤続年数×40万円。退職金がこれより少なければ**非課税**です。

退職所得税額の求め方

①まず退職所得を求める
(退職金ー退職所得控除額※1)×1／2=退職所得

②退職所得税額(所得税分)を求める
退職所得×所得税率※2ー控除額※3
=退職所得税額(所得税分)……A

③退職所得税額(住民税分)を求める
退職所得×住民税率※4ー控除額※5
=退職所得税額(住民税分)……B

④退職所得税額を求める
A+B=あなたの退職所得税額

*復興特別所得税額(2.1%)については省略

※1 退職所得控除額

20年以下	40万円×勤続年数(80万円に満たない場合は80万円)
20年超	800万円+70万円×(勤続年数ー20年)

(平成29年4月1日現在)

※2 所得税率と※3 控除額

退職所得	所得税率	控除額
195万円以下	5%	0円
195万円超 330万円以下	10%	9万7500円
330万円超 695万円以下	20%	42万7500円
695万円超 900万円以下	23%	63万6000円
900万円超 1800万円以下	33%	153万6000円
1800万円超 4000万円以下	40%	279万6000円
4000万円超	45%	479万6000円

※4 住民税率と※5 控除額

都道府県民税4%	合計10%
区市町村税(市民税)6%	

退職所得額 × 10% = 控除前の住民税の額 ……①
控除前の住民税の額 × 10% = 住民税の控除額 ……②
① ー ② = 住民税の額

4 雇用保険（失業給付金）をもらう場合は

4つの条件を満たしているか?

◉──受給資格を満たすために必要な4つの条件

退職後に次の就職先が決まっていなければ、雇用保険が支給されます。ただし、だれにでも給付されるわけではなく、支給を受けるには受給資格を満たしていることが必要です。

雇用保険の受給資格を得るには以下のすべての条件を満たさなければなりません。

①離職する以前の2年間に、11日以上働いた月が12カ月以上あり、雇用保険加入期間が1年以上あること。

②離職して被保険者の資格を失ったことが確認できること。

③失業状態であること（これは、積極的に働きたいという意思と、いつでも就職できる能力があり、求職活動を行っているのに就職できない失業状態をいいます）。

④ハローワーク（職業安定所）に出向いて求職の申し込みをしていること。

雇用保険の手続きと流れ

退職（離職票の請求）

離職票はハローワークに提出する必要のある書類

10日以内に以前の会社で発行してもらう

離職票の受け取り

離職票が届いたら、ハローワークに持参する書類をそろえる

ハローワークに行く

求職の申し込みをする

ハローワークにある求職票に希望職種、給料などを記入して提出

受給資格の決定

ハローワークが求職票を受理すれば、受給資格が決定する

この日から7日間は「待期」といって給付の対象にならない

受給者説明会

「待期」の終了から数日後に説明会が設定される

出席すると「受給資格者証」と「失業認定申告書」が渡される

失業認定日にハローワークに出向く

通知された失業認定日にハローワークに出向き失業認定を受ける

以後4週間ごとに出向き、求職活動の報告を行う

振り込み

失業給付が振り込まれるのは、最初の失業認定日から4～5日後

指定した口座に28日分が振り込まれる

◉―ハローワークへの手続き

受給するためには、条件をクリアしていることを示す書類を持参し、ハローワークで求職の申し込み手続きをします。

会社都合の離職（倒産、解雇、リストラなど）の場合は、会社都合なので求職申し込みをした8日後から手続きが始まります。自己都合の退職（一身上の都合、定年）の場合は、自己都合なので3カ月の「給付制限」がつき、その後支給されます。

ハローワークで受給資格の認定を受け7日間の待期が過ぎると、説明会があります。その後は4週間ごとに認定日が設定されますので、指定された日には必ず出向き、その期間における求職活動の報告をします。正当な求職活動を行っていれば、給付が受けられます。

◉―もし、再就職が決まったら

再就職先が、雇用保険の手当を支給されている期間に決まった場合、失業給付は打ち切られます。けれども、所定給与日数が45日以上のうち3分の1残っていて、再就職先で1年間以上雇用されることが確実になっている、などの条件をクリアしていれば再就職手当が支給されます。

再就職先が決定次第、すぐにハローワークに連絡しましょう。

これでわかる！受給資格条件

一般被保険者は離職の日以前2年間に
1年間（12カ月）の被保険者期間が必要で、
各月に11日以上労働していること

☆倒産・解雇等により離職された場合は、
離職以前の１年間に被保険者期間が
6カ月間（各月11日以上労働）必要

次のような状態は、基本手当を受けることができないので注意！

- 病気やケガのため、すぐには就職できない
- 妊娠・出産・育児のため、すぐには就職できない
- 定年などで退職して、しばらく休養しようと思っている
- 結婚などにより家事に専念し、すぐに就職することができない

5 雇用保険っていくらもらえるの？

基本手当日額を計算すればおおよそわかる！

◉──退職前6カ月の給与総額から計算する

雇用保険がいくら給付されるのかは、おおよそ自分で計算することができます。計算するには、まず、**退職前6カ月間の給与の総額を計算します。**離職票と給与明細を照らし合わせ、定期代や残業代も含めて計算しましょう。

給与総額を180日（30日×6カ月）で割ると、1日分の賃金日額が出ます。賃金日額は、年齢階層別に上限と下限が設定されていて、一定の枠内の金額が支給されます。

賃金日額に一定の給付率（50～80％）をかけると基本手当日額が出ます。

この給付率も、年齢階層と賃金日額の階層によって区分されています。賃金日額が低くなるほど給付率が高くなる仕組みになっています。

基本手当をどのくらいの期間支給されるかというと、所定給付日数によります。この日数は、自己都合などで辞めた一般離職者と、倒産など会社都合で辞めた特別受給資格者とでは異なっていますので注意してください。

雇用保険の計算方法

<基本手当日額の計算方式>

年　齢	賃金日額	給付率	基本手当日額
全年齢共通	2,574円以上5,030円未満	80%	2,059円~4,023円
60歳未満共通	5,030円以上12,390円以下	80%~50%	4,024円~6,195円
30歳未満65歳以上	12,390円超　13,700円以下	50%	6,195~6,850円
	13,700円(上限額)超	—	6,850円(上限額)
30歳以上45歳未満	12,390円超15,210円以下	50%	6,195円~7,605円
	15,210円(上限額)超	—	7,605円(上限額)
45歳以上60歳未満	12,390円超16,740円以下	50%	6,195円~8,370円
	16,740円(上限額)超	—	8,370円(上限額)
60歳以上65歳未満	5,030円以上11,140円以下	80%~45%	4,024円~5,013円
	11,140円超15,970円以下	45%	5,013円~7,186円
	15,970円(上限額)超	—	7,186円(上限額)

＊令和２年８月１日~令和３年７月31日の場合。
基本手当の日額は「毎月勤労統計」の結果に基づき毎年８月１日に改定。

<一般離職者の所定給付日数>

年　齢	被保険者であった期間		
全年齢共通	10年未満	20年未満	20年以上
	90日	120日	150日

<特定受給資格者の所定給付日数>

区分	被保険者であった期間				
	11カ月以下	1~4年	5~9年	10~19年	20年以上
30歳未満	90日	90日	120日	180日	
30歳以上35歳未満		120日	180日	210日	240日
35歳以上45歳未満		150日	180日	240日	270日
45歳以上60歳未満		180日	240日	270日	330日
60歳以上65歳未満		150日	180日	210日	240日

(令和２年８月１日現在)

第Ⅱ部 さあ、いざ転職をはじめよう

第1章

情報収集が決め手の応募のしかた

1 あなたの条件を明確にすることが大切

"自分のこだわり"を持とう

◉──いきなりの応募は衝動買いと同じ

転職活動……あなたはまず何をしますか？

インターネットの転職サイトや求人情報誌を見て、応募する会社を探すのでしょうか？もちろんそれも必要です。ですが、「この会社は何となくよさそう。応募してみよう」などと、思いつきで選ぶのは考えものです。それでは、衝動買いをするのと何ら差はありません。入社し、時間がたつにつれ「こんなはずじゃない。自分のやりたかった仕事とは違う」という思いが募ってくるかもしれません。また転職を考える結果になりかねません。

◉──基本的なラインを決めることが重要

では、どうすればいいのか。転職するうえでのあなたの条件を明確にしておくことが大切です。**働くことに関して、自分のこだわりを個条書きにしてみます。**その条件なら納得できるという基本的なラインを決めておき、それをクリアする会社を選ぶようにします。

基本的なラインの決め方

働き方と身分保障

正社員・契約社員・派遣社員も可か？　パート・アルバイトでもよいのか？

職種

事務・営業・販売・製造・技術・企画・接客など、希望職種を明確に

仕事内容

例：コンピューター関連のユーザーサポート（やりたい業務）、英語力を生かせる業務（できる業務）のように、具体的に仕事内容をイメージする

希望給与額

生活に必要な最低額を基準に、希望額を決める

勤務時間と休日

早朝勤務はできるが夜間はダメ
休日は土日でなくても可か？など対応できる勤務条件を決めておく

会社の規模

従業員 10 人以下の小さな会社
ある程度大きな規模の会社で、転勤や異動、責任範囲、福利厚生を考えている

2 求人情報の種類を知ろう

「インターネットの転職サイト」や「求人情報誌」「新聞広告」に注目！

◉求人情報の種類とは

求人情報の情報源については、前ページでも触れたように、**「インターネットの転職サイト」**や**「求人情報誌」**など求人情報には様々な種類があります。左ページの図で転職活動をはじめるにあたってどんな媒体があるのか見ておきましょう。

最も一般的で有効なのが**「新聞の求人広告」**です。あなたの家でとっている新聞にもその情報は掲載されています。

◉情報量が豊富な求人情報誌とインターネットでの求人情報検索

求人誌は業種やキャリアなどで対象読者を絞っているものがあり、情報量が豊富です。インターネットで求人情報を探すという方法も、今や当たり前になってきています。とくに、転職情報サイト、企業のホームページ上だけの掲載もあるのでチェックしましょう。Ｗｅｂ応募のしかたについては、次章で詳しく説明します。

求人情報の主な媒体

新聞広告

日曜日に載ることが多い。

新聞によって傾向があり、朝日は事務系・マスコミ系が多い。読売は事務系・サービス業関係が多い。

日経は外資系・金融関係に強い

新聞の折り込みチラシ

主に地元企業の情報を掲載。住まいの近くで仕事を探している人には重要な情報源

求人情報誌

雑誌型の刊行物。1冊すべて求人広告。

情報量が豊富で、職種別、地域別に分類

人材紹介会社（人材バンク）

ハローワーク（公共職業安定所）

人材銀行
（中高年の雇用促進を目的とするハローワーク）

人材派遣会社（登録型派遣社員）

口コミ・コネ（友人・知人・第三者の仲介）

ヘッドハント・スカウト

インターネット

3 効率的な情報収集を心がけよう

客観的な意見を持ち、たくさんの情報を手に入れること

●—会社の情報を集める6つの方法

応募する会社の情報の集め方は、基本的には「6つの方法」が考えられます（次ページのチャート参照）。

まず、①インターネットでホームページをチェックすることです。ホームページがなければ、②その会社がつくっている「会社案内」や「入社案内」を請求して送ってもらいましょう。

③『会社四季報』に代表される外部の客観情報の収集も重要です。四季報に載っていない非上場企業などを調べるには、④図書館へ出向いて帝国データバンクや東京商工リサーチが発行している『会社年鑑』を調べる方法もあります。

⑤その会社で働いている人の声を聞くことができれば、有力な情報になります。また、その会社の商品に触れてみることも大切です。⑥お店があれば行ってみて、商品やサービスを体感してみましょう。その会社の感性やポリシーを感じることができます。

会社の情報を集める６つの方法

①インターネットでホームページをチェック

資本金・売上高・事業内容・設立年

②「会社案内」や「入社案内」を請求する

社長のメッセージなど

③『会社四季報』など外部の客観情報の収集

株主・連結事業・自己資本比率・業績

④図書館へ出向いて「会社年鑑」を調べる

業種別にセールスランキングなどを表示

⑤働いている人の声を聞く

社風・モラル・職場環境

⑥商品やサービスを体感する

会社の感性・ポリシー

4 志望業界の情報収集のしかた

同業他社の情報収集で志望している会社と比較しよう

◉―異業種を希望する人はハンデを跳ね返す力を示せ

転職を希望する人のなかには、今の職種と違う職種に興味を示す人もいるでしょう。異業種に目を向けることも大切ですが、異業種への転職は「未経験」というハンデがあります。**なぜその業種を志望するのか、なぜ今の職種ではダメなのか、志望する職種のどこに今の仕事以上の魅力を感じるのか、**を明確に示して、転職活動を進めてください。

◉―アンテナを張って業界・業種の情報を集めよう

業界・業種についての勉強は、イメージ的な知識ではなく、応募する企業の業界内での位置や業務の内容、業界の特色、最近の業界の動き、特殊事情まで頭に入れておきます。

たとえば、新聞の経済面、経済誌、業界紙などを読んだり、ホームページを活用することをおすすめします。志望する会社だけでなく、同業他社のホームページでその業界のことがわかりますし、会社ごとの温度差も比較できます。

業界情報の集め方のポイント

①その業界の魅力を見つけだそう

採用担当者にきちんと答えられることが重要

②アンテナを常に張って情報キャッチ

業務内容、業界の特色などの業界研究をする

③ホームページで同業他社もチェック

同業他社の研究で業界全体がわかる

④日経新聞は毎日読む

異業種業界の情報収集にも効果的

⑤志望企業を念頭において、業界内での位置づけをする

最近の業界の動き、特殊事情を網羅する

⑥自分の適性がどう生かせるか考えながら情報収集

あなたの今の職種での経験を求めている企業がある

5 第二新卒、業界未経験の人に問われるもの

社会人としての基礎（ビジネスマナー）ができていること

●──企業も熱い視線を送る第二新卒パワー

「異業種への転職はリスクが高い」ということは前述しましたが、他業種にやりたい仕事があるのに未経験では不利だからといって尻ごみしていたのでは何もはじまりません。リスクを冒してもあえて挑戦する気概はなくさないでいたいものです。

そういう意味では、近年注目を浴びている**「第二新卒」**という人材マーケットが参考になります。新卒で就職した会社を数年で辞め、25歳前後で転職しようとする人たちを「第二新卒」と呼び、企業がマンパワーとして熱い視線を送っているのです。

第二新卒の彼らは仕事の経験も少なく、実績とスキルではさほど期待はできませんが、社会人としての基礎ができていて、仕事への順応性が高く、若いだけに将来性も期待できます。年齢も低いので人件費が比較的安くすむ割に、教育的投資をさほど必要としません。

そこで、企業側は入社時のスキル不足に目をつぶってでも、あえて経験のない分野に第二新卒を投入し、早い時期での戦力化を進めようとしているのです。

企業から見た人材選択のポイント

第二新卒の場合

1

戦力化への道程
(早期に戦力となるか)

2

人間性
(熱意があるか、仕事に対する姿勢は？)

3

健康
(毎日の業務に耐えられるか)

◉──これまでの仕事に誇りをもって未経験業務に挑戦

業界未経験者の狙い目も、実はここにあります。第二新卒ほどではないにしろ、若さをアピールできる人なら、第二新卒と同じ立場に立つことができます。**何といってもビジネスマナーはしっかりと身についているはずです。**仕事への順応性と熱意がアピールできれば、未経験の業務でも恐れることはありません。

◉──「ウリ」は何でもいい

若さが「ウリ」にならない人は、キャリアを「ウリ」にします。どんなキャリアが有利かは志望職種や応募企業によって異なってきますが、求人広告で応募条件になっている資格やスキルはクリアしておかなければなりません。会社情報を調べれば、その会社が求める人材像が見えてきますから、それに見合う経験を洗い出してみます。専門的知識があれば、その知識を生かす方策を提案します。

若さもキャリアも「ウリ」にならない人は、人間性と体力を「ウリ」にします。円満で明るく、積極性のある前向きな人間性は組織にとって好ましく見えます。健康でタフな体力があれば、それも立派な「ウリ」になります。

どんな業種であれ、これまで自分の仕事をしてきたという経験は誇るべきものです。

企業から見た人材選択のポイント

未経験者の場合

1
職務経験
(自社で活用できるキャリアか)

2
戦力化への道程
(即戦力になるか)

3
人間性
(組織に適応できるか、仕事に対する姿勢)

4
健康
(毎日の業務に耐えられるか)

6 電話は採用の重要なポイント

言葉づかいには細心の注意を払うこと

◉――相手の都合を考えて、静かなところから電話しよう

転職したい会社が選択できれば、応募ということになりますが、応募内容に不明な点や確認したい事項があれば、電話やメールで問い合わせることになります。メールのマナーについては別項で説明しますので、ここでは電話で問い合わせる際の注意点を挙げておきます。

常識として、電話をかける時間は、深夜や早朝を避けます。相手は会社で、担当者は執務中ですから、忙しいことが予想される始業時・就業時も遠慮しましょう。昼食時も席を離れていると考えましょう。

まだ在職中で、会社から堂々と電話できない状態では、時間を選ぶのもままなりませんが、外出した折などになるべく静かなところから、携帯電話で電話します。

最低限覚えておきたい！ 電話のマナー

名前をきちんと名乗る

静かな場所を考えよう

時間帯を考えよう

敬語を使おう

メモや手帳を手元に置こう

◉——第一印象がよければ採用決定の大きなポイントになる

先方が電話に出たら、まず名乗りましょう。求人を知ったきっかけを話し、問い合わせたいことがあるので担当者につないでほしいと頼みます。電話のかけ方で社会人としての常識度がわかりますので、言葉づかいには細心の注意を払いましょう。

最初の電話であなたの第一印象が決まります。第一印象がよければ、採用決定においても大きなポイントとなってあなたの味方をしてくれます。電話からすでに面接が始まっていると考えて臨むとよいでしょう。

◉——あらかじめ準備をしてから受話器をとろう

担当者が出たら確認したいことを尋ねますが、質問内容は何を聞いてもよい、というわけではありません。募集広告に出ていることを重ねて尋ねるのは、理解力のなさを露呈するようなものです。また、「私の給与はいくらになるのでしょうか」など、答えられないことを聞くのも、相手に失礼です。最初の電話は、あくまでも応募に関することに絞り、勤務実態や職務に関する質問は面接時にするようにします。

相手の回答は、**メモを取っておきましょう。**また、万が一その場で志望理由を聞かれてもいいように、あらかじめ答えを用意しておきましょう。

これでバッチリ！　電話のかけ方

1 まず名乗る「私、森明子と申します。6月24日付毎晩新聞で御社の求人広告を拝見いたしました。それにつきまして、お尋ねしたいことがありますので、ご担当の方をお願いできますでしょうか」

↓

2 担当者が出たら再び名乗り都合を確認する
「お伺いしたいことがあるのですが、今お話ししてよろしいでしょうか」

↓

3 質問があれば質問「広告には応募書類についての記載がございませんでしたが、履歴書と職務経歴書だけでよろしいのでしょうか」

↓

4 お礼を述べて電話を切る「ありがとうございました。それでは応募書類をお送りいたしますので、よろしくお願いいたします。ではごめんください」

番外

◎担当者不在の場合
「それでは、こちらからまたかけ直します。何時ごろならよろしいでしょうか。かしこまりました。ではその時刻にかけ直します。ごめんください」

◎面接の約束をする場合
「7月2日の3時でございますね。かしこまりました。その時刻にお伺いいたします。応募書類はその前に届くよう、すぐにお送りいたします」

7 会社にバレずに転職活動をしよう

転職活動は基本的に勤務時間外に行うこと

◉──円満に退職するためにも在職中の転職活動には細心の注意を

第I部第2章で触れましたが、転職活動は在職中にする場合と、会社を退職した後に動き始める場合があります。退職後の転職活動は周囲に迷惑をかけませんが、在職中の転職活動は注意しないと仕事に支障をきたしてしまいます。在職中に転職活動をする場合は、円満退職をするためにも、**会社に気づかれないよう上手に立ち回らなければなりません。**

◉──「転職活動は休暇中に」が基本

転職活動は、基本的には勤務時間外に行うべきものです。平日なら昼休みやアフター・ファイブの時間をあてます。面接を受けに行く時は休暇をとって時間をつくります。勤務時間中に抜け出して行くのはバレる危険性が大きいうえ、会社に対する背信行為です。

何社も受けて、有給休暇の残りが心配な場合は、午後出や早退といった半休を組み合わせましょう。また、応募先に事情を話して面接日や時間の都合をつけてもらいましょう。

在職中の転職活動で気をつけること

席で受けた場合

その場で話はしない。離席してすぐかけ直す
携帯の場合は離席して会話を聞かれないようにする

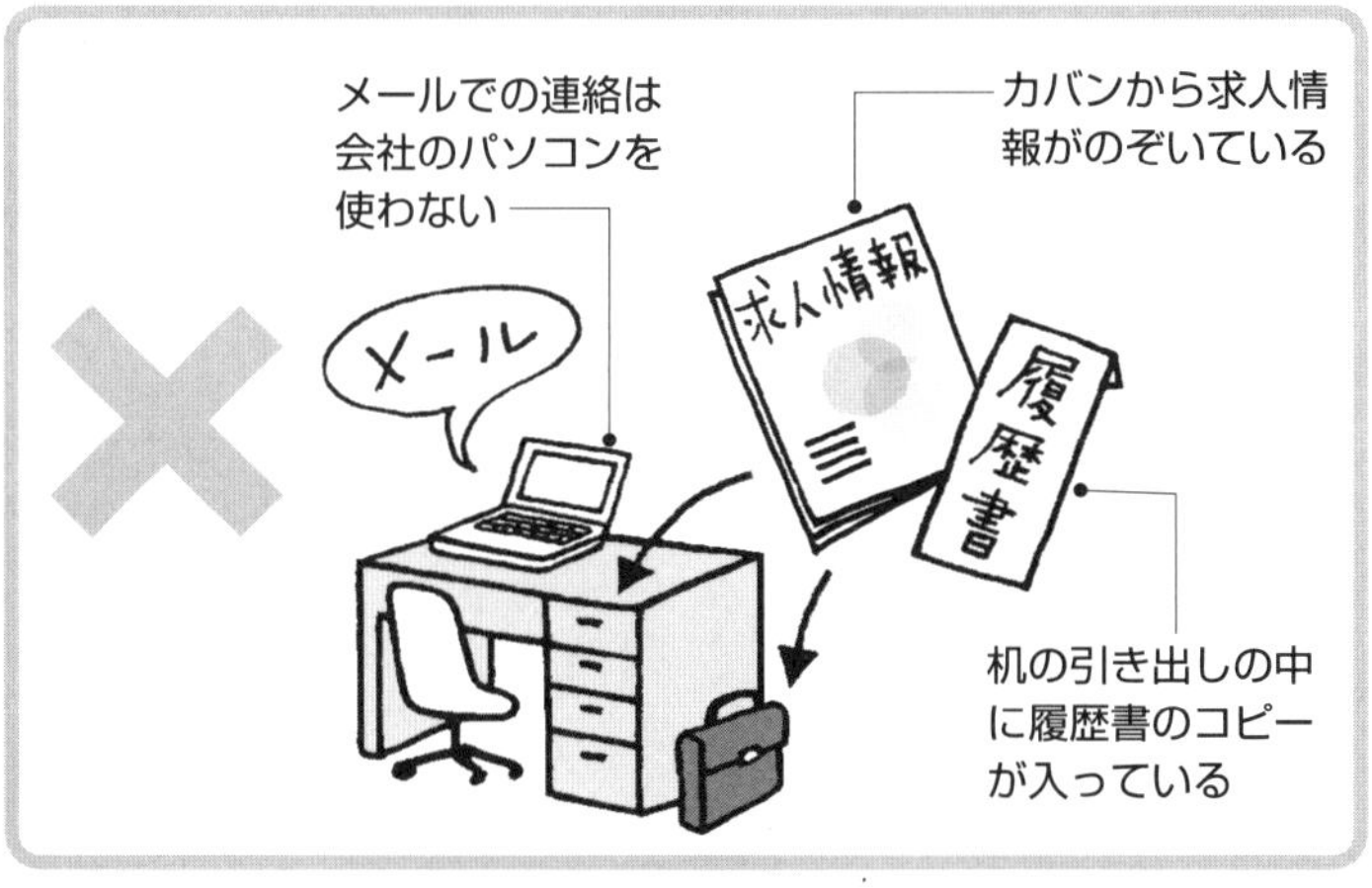

8 なぜ、その会社を選んだのですか？

会社の事業内容はきちんと調べておこう

◉──会社を知らずして応募することなかれ

インターネットの転職サイトや求人情報誌を見て、気になる会社を見つけたら、さっそくその会社のことを調べましょう。

採用試験を受ける会社がどんな会社なのか知らないまま面接に臨むのは非常識ですし、無謀です。メーカーならば何をつくっていて商品の特徴はどんなところにあるか、シェアはどのくらいか、工場はどこにいくつあるかなどを、販売会社ならどんな商品を扱っていて何が売れているか、支店や営業所はどこにあるか、売上高はどれくらいか、などの事業内容や会社の概要を知っておかなければなりません。

会社の内容を知らない人が、「なぜ、その会社を選んだか？」という問いにまともに答えられるはずがありません。ホームページや会社案内、『会社四季報』や会社年鑑に載っているデータは、会社の概要をよく表しているので調べましょう。

応募しようと思う会社の概要は、何としても調べておくべきです。

データの簡単な読み方

1 **設立年度**
〔老舗《しにせ》か新参かがわかる〕

2 **従業員数**
〔会社の規模がわかる。増減注意〕

3 **支店・営業所・子会社・系列会社**
〔営業規模がわかる。増減注意〕

4 **平均年齢**
〔職場の活気が読める〕

5 **平均賃金**
〔経営状態の目安に。業界他社との比較を〕

6 **特色・事業**
〔会社の強みがわかる〕

7 **主要取引先**
〔経営の安定性の目安に〕

8 **株主**
〔最高権限者がわかる〕

9 **業績**
〔前年との比較。伸び率を見る〕

10 **自己資本率**
〔経営の健全性がわかる。30%以上なら健全〕

9 ブラック企業を選ばないためにやるべきこと

どうすれば応募前にブラック企業に気づけるか

◉――ブラック企業とは何か？　ブラックか否かの判断基準

近年、「ブラック企業」という言葉が世の中を騒がせています。

夜中まで働かされるにもかかわらず残業と認められないのでほとんどタダ働き、という会社。新入社員が上司や先輩、役職者から怒鳴られ、長時間説教される光景のある会社。業績が上がらずノルマをこなせないことを理由に解雇される社員のいる会社。

こんな会社はブラック企業と呼んでもかまいませんが、厚生労働省は**ブラック企業の定義を定めていません。**ただその特徴を3つのポイントとしてあげています。

「労働者に対して極端に長時間の労働やノルマを課す」

「賃金不払い残業やパワハラ・セクハラが横行する等企業全体のコンプライアンスが低い」

「このような状況下で労働者に対し過度の選別を行う」

ただブラック企業も最初からブラックだったわけではなく、競合他社が現れ、競争が激しくなったので従業員に無理を強いるようになったのかもしれません。ブラック企業といえども業績が伸びれば残業代も支払われるようになるかもしれません。

また、激務でも自分のキャリアにとって有益だと思う人は、ブラックとは思わないでしょう。定義がないだけに、評価は一様ではありません。

ブラック企業の特徴

◎長時間残業
◎収入が不安定
◎セクハラ・パワハラ
◎現場に権限がない
◎厳しいノルマ
◎リストラや離職
◎公私混同
◎経費を自己負担
◎ワンマン経営
◎休みがとれない
◎社内に監視カメラ

求人している企業がブラックかどうか判断する基準

◎離職率または定着率
◎平均年齢または平均勤続年数
◎求人募集に細かい文言があるか
◎訴訟を抱えているか
◎福利厚生または優待制度があるか
◎有給休暇の取得率は
◎女性社員数または女性管理職の有無
◎常に人を募集する
◎口コミサイトの評判

◉ブラック企業を見分けるには

ブラック企業かホワイト企業かを見分ける方法はいくつかあります。

よく言われるのが **「平均年齢・離職率・定着率」** です。離職率が高いのは、その会社に長くいられないということで、職場環境が悪いと判断できます。平均年齢は高いからといって安心できません。社歴の長い会社は勤続年数も長く平均年齢も上がります。社歴の浅い会社は平均勤続年数が短いものです。平均勤続年数や定着率よりも、離職率20％あたりを基準に見るのが賢明です。

いつも求人を出している会社はブラック企業、という見方があります。それだけ人が辞めているということだという判断は当たらずといえども遠からず、といったところでしょう。成長中の企業で、常時求人が必要なのかもしれません。

残業の規定がない会社は要注意、ということもよく言われます。「残業なし」でも実労働時間が長い場合もあり、「残業あり」だけの曖昧な書き方もチェックが必要です。残業が長いか知りたいならば、夜その会社の窓に明かりがついているか見に行けばよいでしょう。

◉口コミサイトのネガティブ情報に振り回されるな

転職に関する主な口コミサイト

- キャリコネ〜働く人のキャリア形成のために
- 転職会議〜後悔が残る転職を0に
- My News Japan
- エンライトハウス
- Openwork
- 転職@2ch掲示板

ブラック企業かどうかを調べるために、**転職口コミサイト**を利用する人もいます。

確かに口コミサイトは転職先の評判をある程度知ることができます。ただし、ネットの書き込みは基準が個人の判断によるものなので、うのみにするのは考えものです。その企業に悪意をもっている人があおっている場合もないとはいえません。

口コミサイトでネガティブ情報ばかりを探していると、頭の中が妄想で満たされ、転職する意思が萎えてしまいます。

あくまでも参考にするつもりで「人は何と言おうと、自分は自分の意思を通すのだ」という信念をもって脱ネガティブに挑んでください。

10 コネは転職における情報源であり最大の武器

コネは実力の証明。そして誰でもコネをつくることができる

◉人脈をフル活用するコネ入社

いまどき親のコネで就職するなどありえない、という人がいますが、それは大きな間違いです。縁故採用は今でも存在します。

たとえば大企業に新卒ブランドなしで就職しようとします。ところが大企業は中途採用を取るとしても、求人募集を市場に出すことはまずありません。内輪で募集し、転職エージェントによるヘッドハンティングか、それを聞きつけた部長あたりが転職を希望している息子を紹介して決まってしまいます。

転職者にとってコネは最大の武器なのです。

それはひとつの例ですが、企業の人事担当者にすれば、履歴書や経歴書からしか情報が得られない人よりも、親族からもたらされる新鮮な情報を持つ人の方が、信頼性の高い判断材料を与えてくれると思うでしょう。

履歴書で良いことばかり並べている人を見ると逆に不安を覚えますが、たとえ能力で劣

コネ入社のメリット

- 紹介者のブランドを引き継げる
- 内輪の募集に強い
- 人事担当者への情報量が豊富
- 試験や面接が形式的
- 入社後の期待値が高い

ると聞いていたとしても、それがわかっている方が情報量が多いだけ安心して選択できます。

コネに恵まれるということも、あなたの実力の一つで、そうした運を味方にしたコネ入社は少しも恥ずかしいことではありません。

◉横のつながりを築くことがコネ入社のコツ

コネ入社というと親の七光りがまず頭に浮かびますが、**親族だけがコネというわけではありません。**

学校の先輩や取引先、また別の会社に先に転職していった元同僚、上司なども縁故をもっています。友人、知人でもあなたが転職を希望していると知れば、あなたに合いそうな会社を紹介してくれるかもしれません。

どこにどんな縁がつながっているかわかり

コネ入社のデメリット

一般の就活者より能力が低いと思われてしまう

紹介を断りにくい

入社後過度の期待にさらされる

紹介者と比較される

ミスマッチの危険性もある

ません。横のつながりを築いておくことは、コネという財産を積み上げることになるのです。

ただし、**コネ入社にもデメリットがある**ことを知っておかなければなりません。

義理のある相手から紹介された会社は、気乗りしないからといって断ることはできません。断れば紹介してくれた人の立場を悪くし、その人との関係を壊しかねません。

また、入社した後も「あの人の紹介だから仕事ができるだろう」と期待される一方、紹介者と仲の悪い人からはそれだけで疎まれることもあります。紹介者の顔を立てるという過度のプレッシャーを覚悟しなければなりません。

第Ⅱ部 さあ、いざ転職をはじめよう

第2章

ネットを活用！
イマドキの転職活動

1 あなたに合う転職情報サイトを選ぼう

ネットを使いこなすことが成功のポイント

◉――バリエーション豊富な転職サイト

転職情報サイト（以下「転職サイト」）とは、転職希望者に向けて求人情報を発信するサイトです。登録すれば企業の求人情報を閲覧することができます。今では、転職サイトは転職への第一歩、入口でもあります。

転職サイトは、それぞれのサイトによって特徴があり、いってみれば各々が得意の分野を持っています。エンジニア、スペシャリスト向けサイト、外資系に強いサイト、ベンチャー企業専門のサイトなど、実にバリエーションに富んでいます。

転職を希望する人は、自分の希望に沿った求人情報を多く載せているサイトを探し、登録することが大切です。しかし、転職情報サイトといっても数えきれないほどあり、どこへアクセスすれば良いのか迷ってしまいます。次ページに主な転職サイトを掲げましたので、参考にしてください。インターネットを利用して各転職サイトを細かくチェックし、あなたに合う転職サイトを見つけましょう。

主な転職情報サイト

イーキャリア

ソフトバンクグループが運営。全国の求人を毎日更新。AIのレコメンド機能で効率よく求人を探すことができる。

エン転職

独自取材によるさまざまな職種の求人情報が満載。口コミサイトと連動している。20代の採用に強い。

キャリアカバー

年収600万円以上におすすめのハイクラス・エグゼクティブ向け転職サービス。リクルートキャリアが運営。

とらばーゆ

女性のための求人・転職サイト。妊娠や出産など、女性ならではのライフスタイルに寄り添ったコンテンツなど多数。

日経キャリアNET

日本を代表する企業、外資系企業の求人が豊富。登録者の4割が高学歴。日経グループならではの求人も多数。

はたらいく

規模の小さな企業の求人が多数で、全国的にフォロー。地元志向の求職者が使える地域密着型サイトといえる。

ビズリーチ

エグゼクティブ、ハイクラス求人に特化している国内最大級のエグゼクティブ層向けの転職サイト。会員制。

マイナビ転職

常時約1万件以上の転職・求人情報を掲載。若手採用に強い。大半が他のサイトには掲載されていないマイナビのみの求人。

リクナビNEXT

国内最大求人サイト。幅広い規模の企業、業種をフォロー。他で募集していない限定求人が多い。

DODA

業界最大級の求人数でその大半が非公開。スカウトサービスが充実。エージェントサービスと連動して求職者をフォロー。

Find Job

IT系、Web業界に特化した情報が満載。中でもデザイナー、エンジニア等のクリエイティブ職が豊富。

Green

有名IT企業、Web業界の優良ベンチャー企業の採用に強い。20〜30代エンジニアに実績あり。

type

営業系、エンジニア関連の職種多数。スキルや性格からのマッチング機能あり。姉妹サイトに「女の転職type」がある。

*上記情報はすべて2020年9月現在のもの。

◉──転職サイトのメリット・デメリット

転職サイトのメリットは、膨大な求人情報を自分で検索ができることです。ネット上にある求人情報を見て自分の希望に合う企業かどうかをじっくり検討できます。選択肢が広いのでどこへ応募するかは自分で判断しなければなりませんが、その分時間をかけて**マイペースで求職活動ができます。**

また応募した際、転職エージェント経由でコンタクトしている競合者がいる場合、転職報酬を必要としない分、独自に応募するあなたの方が有利になります。

デメリットとしては、非公開求人の情報が得られないことが挙げられます。スカウトサービスや転職エージェントを利用すると、非公開の求人の中からでも、あなたに合った求人を選んでくれますが、転職サイトには公開された求人情報だけしか掲載されません。

また転職サイトは多くの人が見ており、応募者が殺到することを覚悟しなければなりません。書類選考で落ちる可能性も高く、その点を考慮する必要があります。

さらに自分で応募しようとすると、毎回履歴書を書いたり、面接のアポイントをとったり、転職のための雑務を全部自分でこなさなければなりません。これもかなり面倒なことで、仕事を続けながらするのは大きな負担です。

転職サイトのメリット

1 転職情報が見放題

わぁ、
こんなにある

2 1社ごとにじっくり検討

ここは良し、
こっちはどうかな?

3 マイペース求職

今夜はもう遅い、
日曜日に
見てみよう

4 エージェント経由の応募者より有利

(人事担当者)同じレベルなら
(転職報酬を払わなくてすむ)
こちらを選ぼう

転職サイトのデメリット

① 非公開求人情報が見られない

えっ、そんな求人
あったんだ

② 応募者が殺到

我も
我も
履歴書だけで
落としてしまえ
(人事担当)

③ 雑用が多い

履歴書また
書き直しだ
面接の日時
なんですけど

④ アドバイスが受けられない

なぜうまくいかない。
誰か相談に乗って
くれないかな

2 転職エージェントを活用しよう

マンツーマンであなたの転職をサポート

◉――転職活動をサポートしてくれるコンサルタント

転職エージェント（以下「エージェント」）は、正式には「有料職業紹介事業所」と呼ばれ、厚生労働大臣から認可を受けた斡旋を目的とした会社のことをいいます。「人材紹介会社」または「人材バンク」と呼ばれることもあります。

エージェントは、個々の転職希望者に対してマンツーマンでキャリアアドバイスを行い、希望や適性に応じて最適と思われる企業に紹介します。例えていえばプロスポーツ選手の代理人が選手の意を受けて球団と交渉し、契約を成立させるのと似ています。

つまり、**転職希望者一人ひとりにつく専任のキャリアコンサルタント**と思えばいいでしょう。あなたについたエージェントは、あなたの希望に基づいた求人情報を提供し、履歴書の書き方まで指導してくれます。そのうえであなたにマッチした企業を見つけて面接のアポイントメントをとり、面接を乗り切るアドバイスを行い、給与額の交渉をし、入社時期も調整するなど、転職活動の最初から最後までをサポートしてくれます。

転職エージェントは あなたの専任コンサルタント

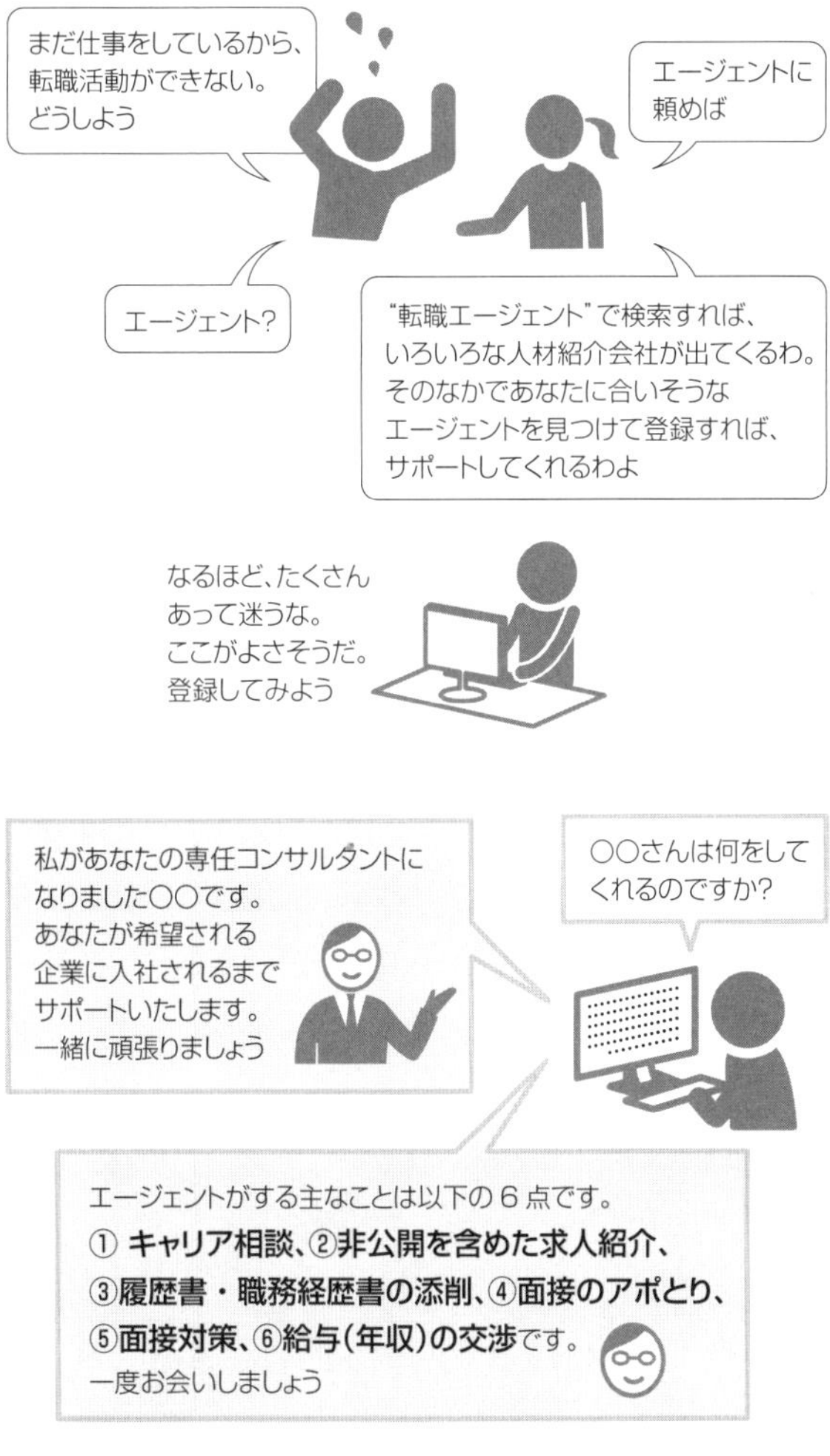
まだ仕事をしているから、転職活動ができない。どうしよう
エージェントに頼めば
エージェント？
"転職エージェント"で検索すれば、いろいろな人材紹介会社が出てくるわ。そのなかであなたに合いそうなエージェントを見つけて登録すれば、サポートしてくれるわよ
なるほど、たくさんあって迷うな。ここがよさそうだ。登録してみよう
私があなたの専任コンサルタントになりました○○です。あなたが希望される企業に入社されるまでサポートいたします。一緒に頑張りましょう
○○さんは何をしてくれるのですか？
エージェントがする主なことは以下の６点です。
① キャリア相談、②非公開を含めた求人紹介、
③履歴書・職務経歴書の添削、④面接のアポとり、
⑤面接対策、⑥給与（年収）の交渉です。
一度お会いしましょう

エージェントは求人企業からコンサルティングフィーを受け取るので、原則として転職希望者から相談料やサービス料をとることはありません。

3 転職エージェントの仕組みとは？

人材ビジネスの現状を知ろう

人材ビジネスの5つの業態

エージェントの仕組みを知るには、現在の人材ビジネスがどのように成り立っているかを理解しておく必要があります。

人材ビジネスの業界は大きく分けて5つの業態からなっています。一部は重なっているところもありますが、おおむね以下のように分かれています。

①**人材紹介業**：転職を希望する人に登録してもらい、その人たちを企業に紹介する業態です。転職エージェントや人材バンクなどがこの業態に属します。中では大手と中小、特化型と総合型といった分け方がされています。

②**人材派遣業**：自社で労働者を雇用し、企業に一定期間派遣する業態です。派遣されて働く人は、派遣先ではなく派遣元の会社と契約を結びます。

③**求人媒体業**：採用活動を行っている会社の求人情報を集めてそれを発信する媒体を運営する業態です。

人材ビジネス業界のカテゴリー

人材紹介業

人材紹介会社、転職エージェント、人材バンク

人材派遣業

自社雇用の労働者を期間限定で派遣

求人媒体業

転職サイト、求人情報サイト、求人情報誌

採用コンサルティング業

企業の採用活動を一括して代行

ハローワーク

国の運営。雇用のセーフティネット

④**採用コンサルティング業**：企業の人材採用業務の代行など支援をする業界。買い手側からアプローチする人材ビジネスです。

⑤**ハローワーク**：古くは「職安」といっていた国が運営する雇用のセーフティネット。失業者をなくすための政策として位置づけられているので誰でも利用できます。

◉――転職エージェントの仕組み

人材紹介会社は、求人会社から入社した人の年収の数％を手数料という形で徴収することで収入を得ています。

一般的な紹介（登録型）の仕組みは次ページの図で示したとおりです。

登録型のほかには、サーチ型と呼ばれるいわゆる〝ヘッドハンティング〟の形をとる仕組みがあります。これは企業から依頼を受け、その依頼内容に合った人を見つけ企業に紹介します。エグゼクティブサーチとも呼ばれます。

さらに、〝再就職支援型〟と呼ばれる仕組みもあります。企業が雇用を継続できなくなった社員を系列会社やグループ企業、あるいはそれ以外の企業へ再就職させるのですが、丁寧なカウンセリングが必要な骨の折れる事業です。

転職エージェントの人材紹介の仕組み

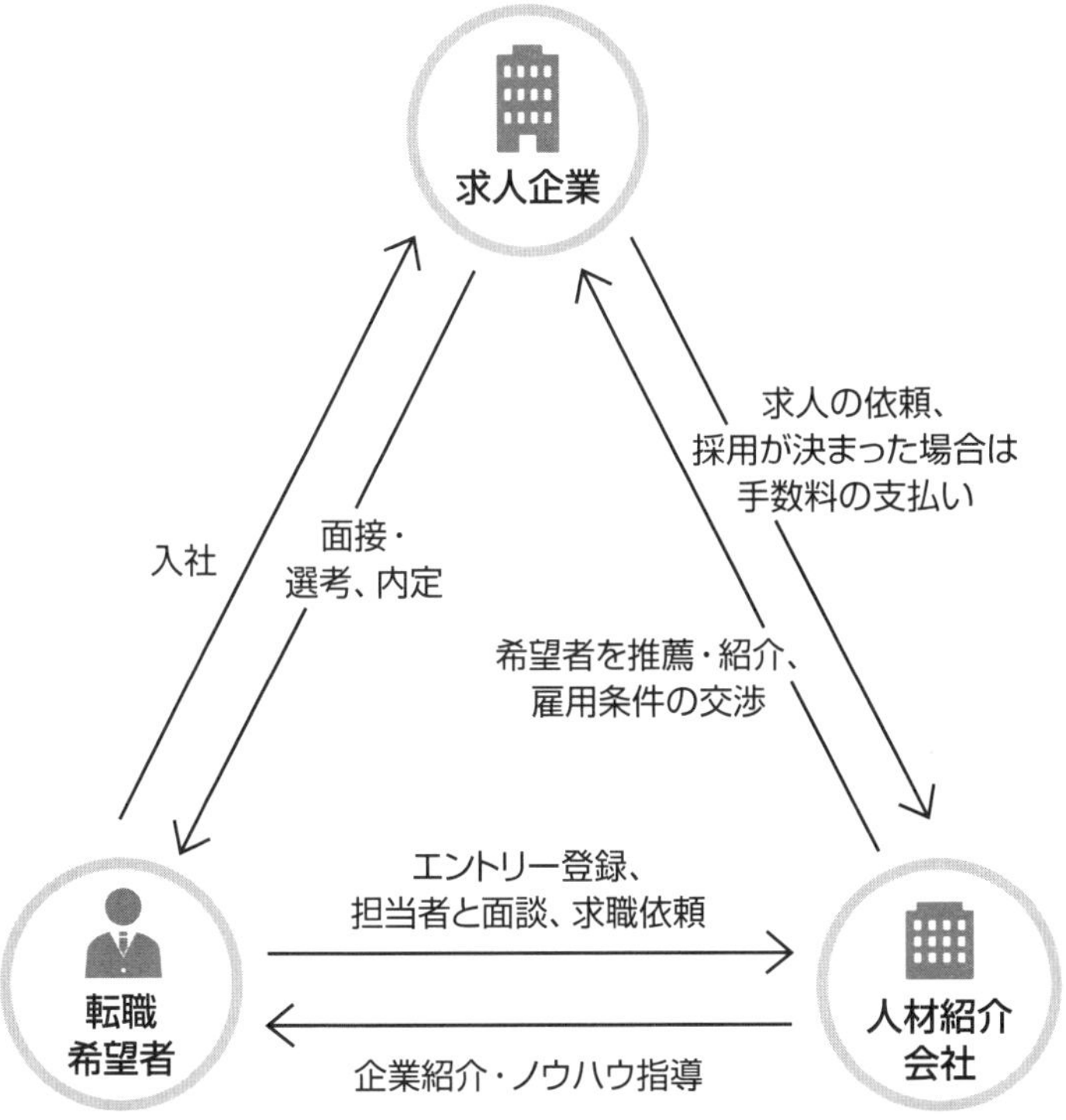
求人企業
入社
面接・
選考、内定
求人の依頼、
採用が決まった場合は
手数料の支払い
希望者を推薦・紹介、
雇用条件の交渉
エントリー登録、
担当者と面談、求職依頼
転職
希望者
人材紹介
会社
企業紹介・ノウハウ指導

4 自分に合った転職エージェントの選び方

メリットとデメリットを理解して、複数社へ応募

◉—転職エージェントのメリットとデメリット

無料でサポートしてくれる転職エージェントは、転職希望者にとってはありがたいサービスではありますが、**メリットも多い反面デメリットもある**ことを忘れてはいけません。

まずメリットですが、前述しているとおり転職活動の最初から最後まで必要なサポートをすべてしてくれるということが、最大の利点でしょう。非公開求人の中からでもあなたに合った企業を探してきてくれるのも転職エージェントならではのメリットです。

またあなたのキャリアを客観的に見て様々なアドバイスをしてくれるのもありがたいサービスです。エージェントはプロなので、あなたが自分で気づかなかったビジネスの才能を見出してくれるかもしれません。面接では伝えきれないあなたの長所も相手企業の人事担当者に別ルートで訴えてくれます。面接の失敗さえ覆すエージェントもいると聞きます。

自分ではしにくい給与の交渉も、エージェントなら少し高めの設定でもクリアしてくれ

転職エージェントのメリット

無料で転職活動の最初から最後までサポート
（情報提供・アドバイス・事務処理）

あなたのキャリアを客観的に見て、
気づかなかったビジネスの才能を見出してくれる

転職エージェントのデメリット

セールストークにのせられて、入社を断れない
（エージェントの言うがまま）

買い手市場の時はエージェントも冷たい

案件が少ないと適性に合わなくても推し進める
（自分のペースで選ぶことができない）

ます。それを見越して最初は大きな金額から要望していくと、多少譲歩しても目標以上の額で折り合うことができます。

◉——すご腕エージェントの強引な手法

ではデメリットはなんでしょう。**すご腕エージェントのセールストークに乗せられて不本意な転職を断れなかった、**という例もあります。実績をあげたいエージェントは短期に多数の転職を実現させたいはずですから、ある程度強引な進め方で転職希望者を牽引していきます。気の弱い転職希望者はエージェントの言うままに面接を受け、ミスマッチと思いつつ入社することもあるようです。

転職市場が売り手有利の場合は、転職エージェントもより機能するのですが、市場の価値が下がると買い手有利になり、エージェントのサービスを受けられない人が出てきます。それもデメリットのひとつでしょう。

また、紹介できる案件がそれほど多くないエージェントもいるので注意が必要です。そういう場合あなたのキャリアに合っていない企業やブラックの疑いのある企業なども紹介してきます。エージェントの質を見極めなければならないというのも厄介なことです。

転職エージェント選択の基準

◎当然のことながら国の認可を受けている会社であること
【「許認可番号」を見ればわかる】

◎希望している業界や業種に精通していること
【直接コンタクトをとり確認する】

◎実績があり、利用者の評判がよいこと
【口コミサイトやネットでのランキングも参考に】

◎担当者との相性がよいこと
【電話での対応、面談時の印象など】

◎情報の量が多いこと
【情報量が少ないと選択の余地が狭められる】

◎プライバシーへの配慮が行き届いていること
【連絡の取り方でわかることも】

◎実際の進め方に無理がないこと
【面接を急がせるなど、強引さが目立たないか】

◎担当者の変更を申し入れられること
【担当者との相性が悪い時は代えてもらおう】

◉——転職エージェントの選び方

メリットとデメリットを知ったうえでやはり転職エージェントを利用した方がよいと判断したなら、その選び方が問題になります。

選ぶといってもアドバイザー個人を指名することは困難ですから、転職エージェントの会社を選択することになります。その会社も100社ではきかないくらい数があるので、選択肢は多く迷うばかりです。

業界によっては専門的な職種での求人がある場合もあるので、そうした業界・職種に特化した転職エージェントを選ぶことも可能です。例えば、外資系に強いエージェント、アパレル業界に強いエージェント、エグゼクティブに強いエージェント、といった具合です。

それ以外は、大手といわれる会社で評判がよくランキング上位のエージェントから選ぶことになります。主な転職エージェントサービスを次ページに示しました。

注意すべき点は、**いきなり1社に絞るのではなく、2〜3社に登録する**ことです。つけられた担当者と面談し、相性の良い人を選ぶのが賢明です。エージェントとはいえ、結局は人としての信頼関係が基になりますので、気の合わない人と組むのでは良い結果は期待できません。

主な転職エージェントサービス

イーキャリアFA
人材紹介会社に所属するアドバイザーが対応。ソフトバンクグループが運営

クリーデンス
アパレル系特化型転職エージェント

JACリクルートメント
年収600万～2000万円のミドル・ハイクラス向けの転職支援

JAIC（ジェイック）
主に20代の就職支援が得意。
正社員内定率は8割超え

Spring転職エージェント（アデコ）
世界的な企業であるアデコが展開、グローバルな転職にも対応可能

type転職エージェント
転職した人の約71％が年収UP。
20～30代に強い

DYM転職
正社員を目指す、20代・第二新卒・既卒・フリーター向け

DODAエージェントサービス
業界最大の求人数を有し、年間1万8000人のサポート実績

PASONAキャリア
全国に拠点を持ち、幅広い業界、地方転職者をフォロー

ハタラクティブ
20代や第二新卒に特化、未経験OKの求人が多数そろう

ビズリーチ（BizReach）
高収入に限定したハイクラス専門。
日本初の求職者課金型求人

マイナビエージェント
国内最大級の転職支援実績を持つマイナビのサービス

ランスタッド
世界的人材サービス会社。外資系企業の求人も多数。キャリアアップ狙い

リクらく
ほとんどの求人が学歴・職歴不問。20代であれば即正社員採用のサポートを徹底

リクルートエージェント
業界トップクラスの求人数を誇る国内最大手の転職エージェント

レバテックキャリア
IT・Webエンジニアやデザイナーに特化したサービス

＊上記情報はすべて2020年9月現在のもの。

5 スカウトサービスとは何か？

プロフィールを登録してスカウトメールを受け取ろう

◉──待つだけで転職できる逆求人型サービス

スカウトサービスとは転職サイトが行っているサービスの一つで、連絡先や現在の職業、経歴、希望する仕事の内容、希望する勤務条件などを登録しておけば自分で求人を探さなくても企業の方から直接応募のオファーが届きます。

転職を希望する人はもちろん、今転職を考えているわけではないけれど、希望に合った求人があれば話を聞きたい、と思っている**転職予備軍にとってもありがたいサービス**です。

最大のメリットが前述した〝自分で探さなくても企業からオファーが来る〟という点ですが、履歴書や経歴書を書かなくても一問一答で登録できる点や、匿名が可能なサイトもあり個人情報を秘す就活ができるのも便利な点です。今現在仕事をしているとしても、会社に知られずに待つだけで応募したい企業を効率よく見つけることができます。

利用する企業が多いので、非公開求人のオファーがあったり、自分では見つけられない

スカウトサービスのメリット

1 自分で探さなくてもオファーが来る逆求人型就活

2 個人情報保護、履歴書不要、手軽な登録

3 利用企業多数で評価してくれる会社とマッチング

4 非公開求人のオファーも期待できる

意外な仕事と出会えたりします。オファーを受け取っても必ずしも応募する必要がないため、転職希望者のペースで転職活動ができます。

◉――スカウトサービスの利用法

スカウトサービスを利用するには、数多くある転職サイトから選んで〝スカウト登録〟をします。

申し込みはほとんどが無料ですが、登録時にあなたのプロフィールを入力しなければなりません。このプロフィールは、〝レジュメ〟または〝Web履歴書〟あるいは単に〝自己PR〟〝プロフィール〟などと呼ばれ、企業に公開されます。この時公開する個人情報のレベルを自分で設定することができます。

このプロフィールをもとに転職サイトのアドバイザーが条件に合う求人を探してスカウトメールを送ったり、企業の人事担当者が見て登録者に直接オファーしたりします。

スカウトサービスは設定により受けられるサービスが違ってきます。

職歴・経歴を詳しく公開したくなければそのように設定することもできますが、そうすると情報提供程度のオファーしか届きません。個人情報をあまり公にしたくない人や、どんな求人情報があるのかを知りたいだけという人は、公開する範囲を限定しておけばよいでしょう。

本気で転職を考えているなら、公開する個人情報も増やしていかなければなりません。プロフィールの精度を上げて、公開範囲を広げる対応も必要です。設定された情報レベルによって送られてくるスカウトメールが変わってくるのは仕方ありません。

スカウトメールが送られるいくつかのケースを次ページに図示しました。

◉——企業側の利点は何か？

企業側が**スカウトサービスを利用するメリット**は何でしょう。
一つにはターゲットを絞って人材を探すことができることです。年齢や性別、勤務地の希望や、現在働いている職種など、企業側が求める条件を示せば求職者をふるいにかける

スカウトメールが送られるケース

◎登録した条件に合う人全員に送られてくるスカウトメール
【マッチしたキャリアがある人に「見てください」という意味合いで一斉に送られる——求人情報の提供】

◎人材紹介会社が人材募集のために送るスカウトメール
【人材募集のオファー】

◎転職サイト自体がスカウトするために送るメール
【転職サイトによる囲い込み】

◎企業から「興味があれば応募してください」と送られてくるメール
【マッチングメール】

◎企業から直接面接日を指定してくるメール
【面接のオファー——採用の確率は高い】

◎極秘でスカウトしている場合のメール
【非公開求人の中からの特別なオファー】

ことができます。スカウトメールは、人事担当者がいちいちプロフィールに目を通さなくても、企業が求める条件に沿って登録している求職者のもとに届きます。殺到する応募者一人一人の履歴書を検討し書類選考から行っていくという手間が省けます。

もう一つは、非公開に求人募集ができることです。新規事業を始める時など、サイトに募集を載せてしまうと同業他社に知られてしまいます。極秘にしたい時は非公開で人材が集められるスカウトサービスがうってつけなのです。

そのほかにも、このシステムを利用すると、転職活動を実際に行っている

スカウトサービス企業側のメリット

ターゲットを絞って人材を探すことができる

人事担当者がいちいちプロフィールに
目を通さなくても選考できる

非公開で求人募集ができる

転職予備軍の中に潜む
優秀な人材を見つけることができる

人だけでなく、転職予備軍の中に潜んでいる優秀な人材を見つけることができます。企業側からのアプローチに気づいてくれれば予備軍でも応募につながる確率は高まります。

◉—スカウトサービスのデメリット

いいことずくめのような〝スカウトサービス〟ですが、**デメリットもあります。**

スカウトメールが一件も入らないことはないと思いますが、待っていてもメールが入らないということはよくあることです。個人情報を公開しているのに、スカウトメールが届かないのは大きなデメリットだといえるでしょう。

届いたとしても自動で絞り込んだシステムによる一斉送信メールなどは価値が低く、一

スカウトサービス企業側のデメリット

- 期待どおりにメールが届かないことがある
- 希望の条件が満たされないこともある
- 確実に採用につながる保証はない
- 転職活動が制限されることもある

般応募と変わりのない確率しかありません。採用につながる可能性が低いサービスでは便利とはいえません。

　また、仕事内容はキャリアとマッチしていたとしても、雇用条件が悪いというケースも多いと聞きます。主には給与面でのことのようですが、大事な点です。完全なマッチングを望んでもかなえられないことがあると理解しておきましょう。

　もう一つの大きなデメリットが、独自活動の制限です。サービスの種類によってはスカウトメールが届く間、独自の転職活動ができない場合があります。いつ来るかわからないメールを待つだけでは転職活動するうえで大きな制約となります。本気で活動するなら、自分でも動ける道をつけておきましょう。

6 Eメールのマナーと常識

文体は「です・ます調」で統一すること

◉――Eメールは気楽な手段だけに注意が必要

今や転職活動にEメールは欠かせないアイテムです。面接に遅れそうな場合など、電話も時には必要になりますが、通常のやりとりはEメールが便利で確実です。

双方とも都合のいい時間に送受信ができるので相手の時間を拘束する弊害がないうえ、文書として残るので「言った、言わない」のトラブルにもなりません。電話と違い、見たこともない相手に慣れない敬語を使う緊張感がなく、手紙のように決まった慣用句を使う必要もありません。ある意味では「気楽な」通信手段ということができます。

ただそれだけに、なれなれしい仲間言葉が出てしまったり、はやりの若者言葉を使ったりしてしまいがちなので、注意が必要です。

大事なことは、先方に不快な思いをさせない心づかいです。儀礼的な挨拶は省略してもかまいませんが、相手を敬う気持ちの表れである敬語を略してはいけません。文体は「です・ます調」で統一します。

Eメールの基本マナー

◎内容のわかるタイトルをつけること
【用件の内容をひと目で判断できるように】

◎簡潔でわかりやすいこと
【問い合わせ事項などは個条書きに。文章にする時は改行や行空けをして読みやすくする】

◎必要最低限の内容に絞り込むこと
【先方は大量のメールに目を通すため】

◎機種依存文字は使わない
【文字化けする恐れがある】

◎本名で送信する
【ニックネームや顔文字、デザイン文字はかえって悪印象。文末には署名して連絡先を入れる】

◎なるべくファイル添付をしない
【形式が違うと開けない】

◎送信前にウィルスチェックをする
【感染源にならないこと】

◎携帯からのメールは避ける
【文字量に制限あり】

◎在職中の会社のパソコンは使わない
【会社のドメイン名が入ってしまう。当然返信も来る。それは回線の私物化にあたる】

第Ⅱ部 さあ、いざ転職をはじめよう

第3章

押さえておきたい履歴書・職務経歴書の書き方

1 書類選考を通過するための心構え

履歴書と職務経歴書は「あなたの軌跡」を映し出す

●――字がきれいだけでは通らない

文字も丁寧に書き、誤字、脱字にも注意したので大丈夫という思い込みは間違いです。採用者から見たら、あなたの書類は欠点だらけということがよくあります。どこがダメな書類なのかというと、全体的に空欄の目立つ白っぽい書類は評価が低いことを頭に入れておきましょう。空欄の多い書類は、あなたの存在感や意欲を感じられないのです。

●――応募書類は「あなたの軌跡」

履歴書は、あなたがこれまで生きてきた「人生の軌跡」が映し出されており、職務経歴書には、あなたがどんな仕事をしてきたかという「職業人としての軌跡」が描き出されます。

履歴書には、あなたの現在のデータ、「人生」が記載できます。また、**職務経歴書では、データ以外のあなたの要素を強くアピールできます。**肩書や資格にはならないけれども、職務を遂行するうえで役立つ能力がある、ということを強調できるのです。

応募書類はとても重要！

もちろん事実に反することは記載できませんが、応募先の事業内容や業種に合わせて、多少誇張することは許されます。職務経歴書のもつこの利点を大いに活用して、履歴書で書ききれない部分をカバーしましょう。

履歴書

＝

あなたの人生の軌跡

現在のデータの記載

職務経歴書

＝

あなたの職業人としての軌跡

データを除く
あなたの要素をアピール

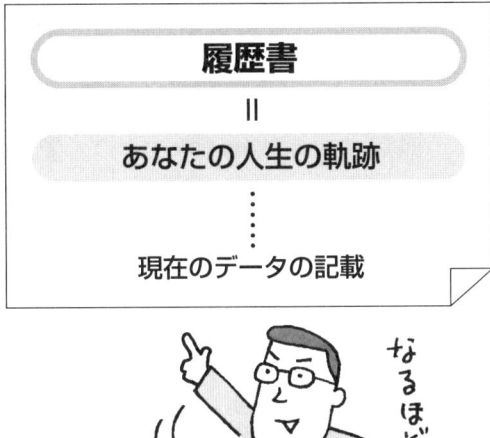

2 どうすれば、応募書類が通るのか？

ウソはいけないが、隠すことも必要

◉——気構えで採用者に負けるな

採用者は、会社の財産となる人材を探すのですから、応募書類のなかから、きらりと光る人を見つけようとします。応募する側がそれを自覚しないのでは、落ちてしまいます。せめて、採用者側がどういう気持ちで自分の書いた応募書類を読むか、想像力を働かせてみましょう。そうすれば、書類をどう書けばいいか、少しはわかってくるはずです。

最初に言っておきますが、ウソはいけません。しかし、応募書類だからといってすべてを包み隠さずに書かねばならない、ということではありません。

事実をありのままに書くのが前提ですが、事実なら何を書いてもいいかというとそれも考えものです。たとえば、何もしていない状況中であることをあえて述べる必要はありませんし、警察に補導されたことなどを書く必要もありません。

これらの例では大げさですが、**就職に関して自分の不利益になる事実を自ら述べる必要はない**、ということは頭に入れておきましょう。

応募書類で採用者に伝えられること

- 即戦力
- やる気
- 貢献度
- 免許・資格
- 役職経験
- スキル
- 自分のウリ
- 人間性

3 基本データの正しい書き方

採用担当者は履歴書で人柄を見抜いている!

◉——基本データの書き方

基本データは、履歴書の冒頭に書く「氏名・生年月日・年齢・現住所・連絡先」のことです。普段から書きなれているので、粗雑になりがちですが、採用担当者は、ここに人柄が出ると見抜いていますから、この欄を丁寧に書かなくてはなりません。

一画一画丁寧に、初対面の人に自己紹介をするつもりで、できれば手書きで書きましょう。

◉——なぜ、履歴書は手書きのほうが好印象を与えるのか?

履歴書は、あなたの人間性がにじみ出る鏡のようなものです。文字はその人の人間性を雄弁に語りますから、経験豊富な採用担当者は文字を見ただけで応募者の人柄をほぼ見抜いてしまいます。

逆に言えば、手書きの履歴書はあなたの転職にかける意欲をそのまま映し出す有力なア

「基本データ」はできるかぎり丁寧に書け

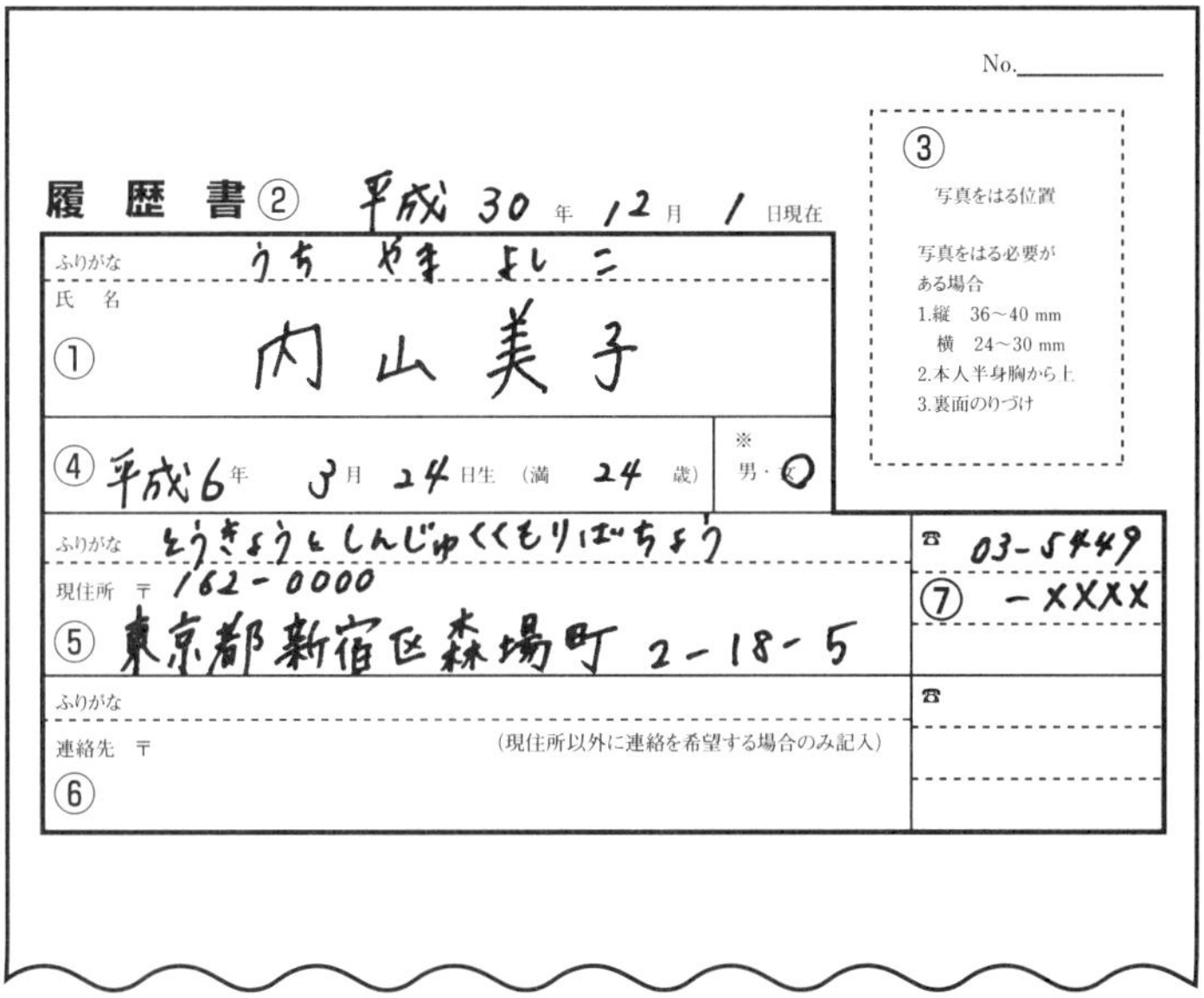

No.

③ 写真をはる位置

写真をはる必要がある場合
1.縦 36～40 mm
横 24～30 mm
2.本人半身胸から上
3.裏面のりづけ

履歴書② 平成30年12月1日現在

ふりがな うち やま よし こ
氏名
① 内山美子

④ 平成6年 3月 24日生（満 24歳） ※男・女

ふりがな とうきょうと しんじゅくく もりばちょう
現住所 〒162-0000
⑤ 東京都新宿区森場町 2-18-5

☎ 03-5449
⑦ -XXXX

ふりがな
連絡先 〒 （現住所以外に連絡を希望する場合のみ記入）
⑥

☎

●ポイント●

①氏　名	戸籍上の氏名を記入、姓と名は少しあける
②提出日	日付は提出日。郵送する場合は「投《とう》函《かん》する日」を入れる
③写　真	写真館でスーツを着用して、3カ月以内に撮影した写真をはる
④生年月日・年齢	元号や数字は整った字できちんと書く
⑤現住所	住民票に準拠し、都道府県名から書きだす
⑥連絡先	自宅の場合などは不要。一人暮らしの場合は実家の連絡先を記入する
⑦電話番号	市外局番を忘れずに。ファクスもあれば記入する

イテムだといえるのです。

採用担当者にあなたの気迫や執念、勤労意欲を訴えたければ、履歴書は手書きで作成するべきで、ワードやエクセルで作った履歴書ではあなたの想いまでは伝わらないという懸念が残るのです。

もちろん、業界や人事担当者によってはパソコンを使った履歴書でも問題ないと考える人もいますが、よほど悪筆ではない限り、手書きのほうが安全です。

◉――Web応募は履歴書もパソコンで作ってメール送信

ところが現代はネットで応募ができる時代です。応募はネットに限定する企業も少なくありません。するとワンクリックで応募ができてしまうため、売り手市場といえども、10倍20倍の希望者が殺到します。

人事担当者はパソコンの画面で〝書類選考〟をします。書類選考を担当する若い人事課員は、パソコンで入力された書類に慣れていて、クセのある手書きの文字を嫌います。そこに手書きの履歴書の入り込む余地はありません。企業から「手書きのものを提出してください」との求めがない限り、読みやすいパソコン入力の履歴書を添付すべきです。

履歴書の書式はパソコンからダウンロードすることができますが、必要事項をそのまま打ち込むのが賢明です。

わざわざプリントアウトして手書きで書きこむのは二度手間です。**パソコンで作った履歴書が市民権を得ようとしている現在、手書きの履歴書にこだわる必要性は薄れています。**パソコン履歴書は画面上で操作してメール送信ができますので、応募する企業の要項に従い、そうした方法をとりましょう。

パソコン履歴書のどこで個性を出そうかな?

志望動機

×
「グローバルな事業展開をしているから」
「自己実現できそうだから」

1行だけの志望動機では、
担当者の目には止まらない。
欄を埋めるくらいの字数を使って
意欲を表現する。

自己PR

×
「明るく前向きな性格」
「地味だが粘り強い」
「笑顔を絶やさず協調性がある」

だれでもが書きそうなこれらの
“性格”は個性とはいえない。
自己PRでは、経験と知識をアピール
して能力があることを訴え、
仕事に向き合う熱意と意欲を示して
人間性を強調する。

4 通る履歴書の正しい書き方

書き終わったら必ず読み直そう

●――履歴書はあなたの「人生の軌跡」

まず、採用担当者にあなたの熱意が伝わるように履歴書を書かなければなりません。

①学歴　学校名は略さずに。公立校なら都道府県・市区町村名から書き出す。小・中・高等学校は入学年を省き、卒業年だけでよい。大学は学部・学科・専攻科目を明記する。

②職歴　配属部署だけでなく、担当業務を明記。その部署でどんな業務を担当していたかをできるだけ具体的に書く。会社の業務内容や規模にも言及。社名だけでなく、事業の内容や資本金、従業員数などの情報も書き添える。退職理由は簡潔に。リストラや解雇による退職は「会社都合により退職」、自己都合による退職は「一身上の都合により退職」と簡潔に書く。

No.＿＿＿＿＿

履 歴 書　2021 年 1 月 10 日現在

ふりがな　みや　もと　なお　こ
氏 名
宮 本 直 子

1993 年 6 月 5 日生（満 27 歳）　※ 男・(女)

写真をはる位置

写真をはる必要がある場合
1.縦　36～40 mm
　横　24～30 mm
2.本人半身胸から上
3.裏面のりづけ

ふりがな　とうきょうとすぎなみくあさがやきた
現住所　〒166－0001
東京都杉並区阿佐谷北1－2－3

☎ (03)3456－○○○○

ふりがな
連絡先　〒　（現住所以外に連絡を希望する場合のみ記入）

☎ 携帯 (090－1234－○○○○)

年	月	学歴・職歴など（項目別にまとめて書く）
		学　歴 ①
2008	3	東京都世田谷区立桜第二小学校卒業
2010	3	東京都世田谷区立桜中学校卒業
2013	3	東京都立桜花高等学校卒業
2013	4	望洋大学情報科学部デジタルメディア学科入学
2017	3	同校卒業
		職　歴 ②
2017	4	株式会社アリア入社
		（映像機器メーカー、資本金10億円、従業員100人）
		新人研修でビジネスマナー、ビジネス研修を受けたのち、
		秘書課に配属、専務付の秘書を担当
2019	4	担当変更により常務の秘書業務を担当
2020	9	一身上の都合により退職
		以上

記入上の注意　①鉛筆以外の黒または青の筆記具で記入。②数字はアラビア文字で、文字はくずさず正確に書く。
③※印のところは、該当するものを○で囲む。

◉——自己紹介書は、面接でも話題になるので要注意！

自己紹介書はあなたの人間性や人柄をチェックする部分なのでよく考えて臨みましょう。

①資格・免許　応募する仕事に関連あるものを優先させる。自動車免許はあれば必ず記入。挑戦中の資格も積極的に書く。取得予定の資格が転職と結びついていればアピールポイントになる。

②その他特筆すべき事項

③得意な学科　好きな学科は具体的に。セミナー等に出ていれば、そのことをアピール。仕事に結びつく科目、教養系の免許はここに記入する。

④スポーツ　できるだけ現在のものを書く。体力があることをアピールできる。

⑤趣味　ただ、名詞を並べるのではなく、自分の生活のなかでの意味を書く。コメントを加え、興味の対象や量についても書く。

⑥健康状態　「良好」と書くのが一般的。自信のある人は「きわめて壮健」でもよい。

⑦志望の動機　自分ができる貢献を伝える。自分の強みと関連づけながら書く。

⑧本人希望欄　希望職種は必ず明記する。希望勤務地、希望給与額は特に希望がなければ「特になし」「貴社の規定に準ずる」とするのが無難。

⑨通勤時間　待ち時間や乗り換えの時間を含まない最短時間を記入。

No.＿＿＿＿＿＿

自己紹介書

2021 年 1 月 10 日現在

ふりがな　みやもと　なおこ 氏　名　宮本 直子	とうきょうとすぎなみくあさがやきた 現住所 〒166−0001 東京都杉並区阿佐谷北1−2−3	☎ (03)3456−○○○○

年	月	免許・資格・専門教育
2014	2	普通自動車運転免許取得　①
2018	7	秘書検定準1級合格

その他特筆すべき事項

② 簿記を勉強中。本年11月に日商簿記検定2級試験を受験予定。
この資格を実務に生かすのが目標です。

得意な学科　③ 心理学 (昨年8月に心理学特別セミナーを受講)	スポーツ テニス　④ (毎週末、クラブの仲間とプレー。 学生時代は陸上部で、体を動かすことが好き)
趣　味 映画鑑賞 ⑤ (洋画を中心に年70本は鑑賞)	健康状態 ⑥ 良 好

志望の動機

⑦ 私は約3年半、映像機器メーカーで秘書業務をしてまいりました。
私がついた常務は経理担当の役員で、経理の重要性をよく説かれていて、
経理関係の仕事に興味をもつようになり、勉強を始めました。
このたび貴社が経理担当者を募集していると知り、自己実現の好機と思い
応募しました。

本人希望記入欄(特に給料・職種・勤務時間・勤務地その他について希望があれば記入) ⑧ ●希望職種:経理部門 ●希望勤務地:特になし ●希望給与:貴社規定に準ずる	通勤時間 ⑨ 約 1 時間 0 分	
	扶養家族数(配偶者を除く) 0 人	
	配偶者 ※ 有 ・ (無)	配偶者の扶養義務 ※ 有 ・ (無)

保護者(本人が未成年者の場合のみ記入) ふりがな 氏　名	住所 〒	

採用者側の記入欄(志望者は記入しないこと)

5 キャリア不足でも通る履歴書の書き方

アルバイトやボランティアの経験をきちんと書こう

◉——3つの難問をどう克服するか

第二新卒の人など、キャリアがない人の問題点は3つあります。①**キャリア不足**②**定着性の問題**③**社会人としての基本をどれだけ身につけているか**、それらが採用者側に懸念される問題点です。

応募者は、その点について応募書類のなかでしっかり答えなければなりません。

入社1〜2年のいわゆる第二新卒で、キャリアがほとんどない場合、履歴書だけではキャリア不足を跳ね返すほどの意欲を表現するには限界があります。だから、職務経歴書の力を借りることになりますが、履歴書にもどんな仕事をしてきたかを詳しく述べておくことが必要です。

また、職歴ではないけれども、応募業種に少しでも関連するアルバイトやボランティアの経験があるならば書いておくと、素養はあると評価されます。

これでバッチリ!第二新卒の履歴書

No.

履 歴 書　2020 年 1 月 10 日現在

写真をはる位置

写真をはる必要がある場合
1.縦　36~40 mm
　横　24~30 mm
2.本人単身胸から上
3.裏面のりづけ

ふりがな　かわ　もと　たく　や
氏 名　**川 本　卓 也**

1994 年 6 月 5 日生（満 25 歳）※ 男（○）・女

ふりがな　かながわけんよこはましなかくさくらぎちょう
現住所　〒 231−0062
神奈川県横浜市中区桜木町1−2−3
☎ (045)523−○○○○

ふりがな
連絡先　〒　（現住所以外に連絡を希望する場合のみ記入）
☎ 携帯 (090−5678−○○○○)

年	月	学歴・職歴など（項目別にまとめて書く）
		学 歴
2007	3	横浜市立花咲小学校卒業
2010	3	横浜市立花咲中学校卒業
2013	3	横浜市立野毛高等学校卒業
2013	4	明応大学文学部日本文学学科入学
2017	3	同校卒業
		職 歴
2017	4	株式会社サクラ証券入社
		新人研修を3カ月受講。ビジネスマナー、ビジネス研修を受け
		株式の仕組み、経済の流れなどを学ぶ
2018	4	営業研修に携わる個人を対象とした資産運用
		コンサルタント業務に従事
2019	4	法人相手の資産運用業務に担当変更
2019	10	株式会社サクラ証券退社予定
		以上

記入上の注意　①鉛筆以外の黒または青の筆記具で記入。②数字はアラビア文字で、文字はくずさず正確に書く。③※印のところは、該当するものを○で囲む。

6 なぜ、職務経歴書が必要なのか？

採用担当者はあなたがしてきた具体的な仕事内容を知りたがっている

◉──職務経歴書はかなり強力なツール

あなたの仕事に関する履歴を整理して記述するものが「職務経歴書」です。

あなたがどんな経験を積み、どんな実績を上げてきたか、あなたのもっているスキルや知識・ノウハウ、職業人としての成長過程を採用担当者に訴えることが目的です。

たとえ、あなたに肩書や資格がなくても「職務を遂行するうえで役立つ能力がある」ということをアピールできるのです。**職務経歴書は、あなたのスキルや実績を理解してもらう強力なツール**となるので、力を入れて取り組みましょう。

◉──あなたの仕事に対する取り組みをアピールする

とりわけ採用担当者、企業側が知りたいのが、あなたがしてきた具体的な仕事内容です。**「どんな部署で／どんな業務を／どんな方法で／どれくらいの量をこなしてきたか」**を詳しく説明することがとても重要です。

職務経歴書の書き方のポイント

1 A4サイズが基本
できるだけ１枚にまとめる
〔要点を絞り込んで簡潔に〕

2 ワープロソフトを使って読みやすく
レイアウトに工夫を
〔職務経歴書はワープロ打ちが原則〕

3 基本データ・作成年月日・氏名・年齢・押印を忘れずに
〔独立した文書なので書式パターンを踏まえる〕

4 求められているものを書く
〔求められている能力が自分にあるのか、考えよう〕

5 自分に合ったスタイルを工夫する
〔自分の状況に合わせて工夫 〈180～191ページを参照〉〕

6 基本フォームは3つ
〔時系列型、職能型、複合型を使い分ける〕

7 ぎっしりもスカスカもNG
〔文字の詰めすぎは読みづらく、空白は話にならない〕

7 「時系列型」の職務経歴書は成長過程を書く

あなたが書くべき職務経歴書のスタイルは?

◉成長した過程を示したい時は時系列型

職務経歴書には時系列型・職能型（184ページ）・複合型（186ページ）の3つがあります。

市販の職務経歴書は、編年体式とも呼ばれる時系列型のスタイルです。時系列型は時間を追って成長する過程を示します。その人の履歴が順調に伸びている場合や今までと同じ分野の仕事をめざしている場合などに向いています。

◉時系列型はこう書く

①時系列型では年月日が見出しになる。配属や異動がわかるように左に突出させる。
②入社・異動・昇進などが時間を追えばわかるように太字にする。
③仕事内容は必ず書く。実際にどんな仕事をしてきたか、できるだけ詳しく書く。
＊長所　道筋が1本ですっきりした見せ方ができるので採用担当者が納得しやすい。
＊短所　職務内容に強弱がつかず並列になるので、アピールポイントがわかりにくい。

「時系列型」の職務経歴書のサンプル

職務経歴書

2021年1月10日
中山　裕太
1993年10月1日生まれ(27歳)

【志望職種】 店長候補

【応募資格】 販売経験者

【職務経歴】

2016年4月 株式会社ナカキン入社
(会社概要：本社・東京都、資本金1億円、従業員110人、事業内容・総合服飾製造販売)
新入社員研修でビジネスマナー・販売ノウハウを学んだのち、販売職として渋谷店に配属され、ヤングカジュアルを担当
主な仕事○(店内業務)接客販売・包装・レジ
○(後方業務)在庫管理・陳列準備・商品棚整理
○(販売促進)展示ディスプレー・DM発送・顧客リスト作成

2017年3月 長島屋デパート新宿店ショップに異動、班長になる。アルバイト3人のローテーションを管理しながらヤングカジュアルを担当
主な仕事○(店内業務)接客販売・包装・レジ
○(後方業務)在庫管理・商品管理
○(販売促進)展示ディスプレー・通行量調査・店内販促会議出席・顧客リスト作成
○(班長業務)人事管理・新人教育。独自に通行量調査をし、店側と交渉、店舗レイアウトを変更。売上高を20%アップさせる

2017年12月 販売士2級合格

2018年10月 本社商品管理課に転属、主任になる
店頭販売の現場から離れ、本社で商品管理を担当。現在に至る
主な仕事○(仕入業務)製品仕入れ、検品
○(管理業務)本社および全店舗の在庫管理、配送手配

【自己PR】 私は服飾販売に5年間かかわってまいりました。接客技術には特に自信があります。在職中に販売士の検定も受けました。売上があがらない時は、その原因を考え、たとえばそれが人の流れにあるのではないかと思いついたら、その証拠を示して改善案を提示します。
そのように、物事を突き詰めて考える特質を生かし、これからも販売に関するスキルを高めていきます。

以上

8 「職能型」の職務経歴書は職務能力を書く

異業種間で転職する人におすすめ!

◉──成長過程より職務能力を強調したい時は職能型

応募者の適性や職務能力を強調するのに向き、キャリア式とも呼ばれています。最もめざましい働きをした事績について、詳しく述べる書き方です。

異業種間で転職した経験のある人などは、成長過程よりも職務の内容を強調したいので、この方式を用いるとよいでしょう。

◉──職能型はこう書く

①職能型は最初に経歴の要約を書く。強調したいポイントをまずここで示す。

②職務経歴の欄に職歴だけをまとめて、職務の流れを示しておけば、理解しやすい。

③これまでに担当した業務を分野別に整理して、職務内容によりスポットをあてる。

＊長所　自分の志望や強調したいポイントを選択できる。説得力が増し能力をアピールできる。

＊短所　キャリアが長い人や職務内容が多岐にわたる人でないと使えない。

「職能型」の職務経歴書のサンプル

職務経歴書

2021年1月10日
中山　裕太
1993年10月1日生まれ（27歳）

【志望職種】 店長候補

【応募資格】 販売経験者

【経験知識】 私は服飾販売に5年間かかわってまいりました。接客技術には特に自信があります。在職中に販売士の検定も受けました。売上があがらない時は、その原因を考え、たとえばそれが人の流れにあるのではないかと思いついたら、その証拠を示して改善案を提示します。
そのように、物事を突き詰めて考える特質を生かし、これからも販売に関するスキルを高めていきます。

【職務経歴】

2016年4月 株式会社ナカキン入社、渋谷店に配属
（会社概要：本社・東京都、資本金1億円、従業員110人、事業内容・総合服飾製造販売）

2017年3月 長島屋デパート新宿店ショップに異動、班長

2018年10月 本社商品管理課に転属、主任

【職務内容】 ・店頭販売業務
主な仕事○（店内業務）接客販売・包装・レジ
○（後方業務）在庫管理・陳列準備・商品棚整理
○（販売促進）展示ディスプレー・DM発送・顧客リスト作成
ヤングカジュアル担当（渋谷店・長島屋新宿店）
実績：長島屋新宿店で、独自にショップ前の通行量調査をし、店側と交渉、店舗レイアウトを変更。売上高を20％アップさせた
・商品管理業務（本社主任として担当）
主な仕事○（仕入業務）製品仕入れ、検品
○（管理業務）本社および全店舗の在庫管理、配送手配
実績：開発担当者と協力して、製品仕入れ先として中国の縫製メーカーと提携。仕入れルートの開拓をフォローした

【販売技術】 2015年12月　　販売士2級合格

9 「複合型」の職務経歴書は自分流で書く

あなたのセンスがアピールできる！

自分流をアピールできる複合型

時系列型と職能型の特色を兼ね合わせたのが複合型です。自分流のスタイルで、時系列型や職能型をアレンジしたり、ビジュアル的要素も組み込むなど、いろいろと応用が可能です。パソコンが得意な人は、テクニックを使って、自分のセンスをアピールできます。

複合型はこう書く

①職務経歴を左側に、職務内容を右側に集める。
②上下に時間の流れを、左右には仕事の内容を対比させる。
③実績も別枠にとり、強調できるようにする。実績は数字で示すとより効果的。
＊長所　パソコンが得意な人には、チャートや図のビジュアルでアピールできる。
＊短所　作成するまでに、ある程度の試行錯誤と時間が必要なこと。

「複合型」の職務経歴書のサンプル

職務経歴書

2021年1月10日
中山　裕太
1993年10月1日生まれ（27歳）

【志望職種】 店長候補

【応募資格】 販売経験者

【経験知識】 私は服飾販売に 5 年間かかわってまいりました。接客技術には特に自信があります。在職中に販売士の検定も受けました。売上があがらない時は、その原因を考え、たとえばそれが人の流れにあるのではないかと思いついたら、その証拠を示して改善案を提示します。
そのように、物事を突き詰めて考える特質を生かし、これからも販売に関するスキルを高めていきます。

【職務経歴】	【職務内容】
2016 年 4 月～2017 年 3 月 株式会社ナカキン入社、渋谷店に配属 （会社概要：本社・東京都、資本金 1 億円、従業員 110 人、事業内容・総合服飾製造販売） 新入社員研修でビジネスマナー・販売ノウハウを学んだのち、販売職として渋谷店に配属され、ヤングカジュアルを担当	○（店内業務）接客販売・包装・レジ ○（後方業務）在庫管理・陳列準備・商品棚整理 ○（販売促進）展示ディスプレー・DM 発送・顧客リスト作成
2017 年 3 月～2020 年 10 月 12 日 長島屋デパート新宿店ショップに異動、班長になる アルバイト3人のローテーションを管理しながらヤングカジュアルを担当	○（店内業務）接客販売・包装・レジ ○（後方業務）在庫管理・商品管理 ○（販売促進）展示ディスプレー・通行量調査・店内販促会議出席・顧客リスト作成 ○（班長業務）人事管理・新人教育

【販売技術】

2017 年 12 月 販売士 2 級合格 実績：独自に通行量調査をし、店側と交渉、店舗レイアウトを変更。売上高を 20% アップさせる	○（仕入業務）製品仕入れ、検品 ○（管理業務）本社および全店舗の在庫管理、配送手配 実績：開発担当者と協力して、製品仕入れ先として中国の縫製メーカーと提携。仕入れルートの開拓をフォローした

10 キャリア不足の人に効果的な職務経歴書とは？

契約社員、フリーター、ニートも応用がきく

◉前向きな姿勢で挑もう

職歴が3年未満の社会人の場合は、仕事での実績やアピールポイントがないのが普通です。まず、今までやってきた仕事を具体的に書きます。また、「自己PR」（190ページ）などを加えるとよいでしょう。企業が第二新卒や若い人に求めるのは、柔軟性のある人材です。仕事以外の実務経験の存在をアピールしましょう。

派遣社員やフリーターである場合、「なぜ、いま正社員志望なのか？」ということが採用担当者は気になります。「正社員でなければできない仕事がしたい」という、たとえば、管理や企画などといったような業務につくため、という部分を書きましょう。

フリーターやニートのような社会人としての実務経験が少ない場合は、学生時代の活動経験やボランティア、スクールに通ったことなどを積極的に盛り込みましょう。その際、何を学んだかを明確に表現すると評価が得られるでしょう。

キャリア不足の人に効果的な職務経歴書

職務経歴書

令和3年1月10日
大塚　良一

（職務経歴）平成30年4月　株式会社セーヨー入社
（運輸業・資本金1億円・年間売上高 10 億円・従業員数 100 人）
1 カ月の新人研修で、業務、簿記の基本、OA 端末操作、電話応対、接客マナーなどのビジネスマナーを取得

平成30年5月　経理財務部経理課に所属
令和元年6月　決算業務を担当
○月次決算・中間決算業務（決算書の作成）
○年次決算業務補助（各銀行残高証明書の発行依頼）
○損益計算書の作成
令和2年9月　新会計基準対応プロジェクトに参加
メンバー5人で経理精算システム導入について、どういうシステムにしたらよいか検討、会社の上層部に提言した

令和2年11月　株式会社セーヨー退社

（PCスキル）　Windows10
文書作成（ワード）、データ集計（エクセル）
キー操作はブラインドタッチ可能

（取得資格）　平成29 年3月　日商簿記検定2級獲得

（自己PR）　経験は浅いですが、経理の流れはしっかりと身につけたつもりです。会社全体の業務を視野に入れたプロジェクトにも参画し、多角的に業務を見る方法も学びました。東京の会社で得たそれらの知識と経験をむだにせず、貴社のために役立てたいと思います。

●ポイント●

第二新卒や事務職のように目立った経験がない人は、時系列型で臨みましょう。

事務職の職務経歴書には、実績を数値で表しにくいので、経験した職務内容を言葉で説明して専門的スキルを PR する。たとえば、経理なら伝票起票が主な仕事だったのか、決算書の作成をしていたのか、といったように。

自発的に取り組んだ仕事(社内制度改革など)があれば、成果または経過を記載し、日常業務以外でも積極的に仕事に取り組む姿勢をアピールする。

11 自己PRで他のライバルに差をつけよう

ヒューマンスキルであなたをPR

◉―自己PRは応募書類のなかに組み込もう

職務経歴書のなかに自己PRを書かない人がいますが、これはもったいないことです。「履歴書」「職務経歴書」のほかに「自己PR書」の提出を求める企業が時折ありますが、提出を求められれば、これは立派な応募書類です。季節の挨拶などを省いた自己PR書を別紙に作成するか、職務経歴書に組み込みましょう。

◉―PRするにはヒューマンスキルが重要

自己PRの書き方のポイントは「ヒューマンスキル」です。仕事に取り組む姿勢や目標達成意識の高さ、協調性や柔軟性、向上心あるいは向学心、発想力、表現力、調整力、交渉力、コミュニケーション能力、情報収集能力、指導力、決断力などのことです。

これらは、教育や訓練では簡単には身につかず、採用する時に大きなポイントになるので、自己PRでは、これらのヒューマンスキルをもっていることをアピールします。

自己PRの書き方

職務経歴書

2021年10月1日
森田　麻衣

〔志望職種〕経理事務

〔職務経歴〕	2017年5月	株式会社日本ジョブに派遣スタッフ登録
	2017年7月	株式会社かもめ商事に経理スタッフとして派遣（6カ月） 伝票整理、月次決算、決算書作成の補助業務を担当する
	2018年1月	片井金属工業株式会社に経理スタッフとして派遣 (6カ月契約) 月次決算と決算書の作成のほか、年度決算、決算書、 損益計算書作成
	2019年9月	つばめ紙工株式会社に派遣（6カ月契約） 伝票整理、月次決算、決算書作成の補助業務を担当する
	2020年4月	東京港南簿記専門学校入学、現在在学中
〔資　格〕		実用簿記検定2級
〔PC使用〕		ワープロ：Word　表計算：Excel データベース：Access
〔特記事項〕		3年間派遣社員として経理事務に携わってきましたが、経理の知識を深めるため、2010年4月より簿記専門学校に通学し直し、主に決算や税務について学んでいます。簿記検定1級を取得できるくらいの知識を身につけたいと、努力しています。

〔私のセールスポイント〕

◇どんな仕事にも意義と興味を見いだし、積極的に取り組みます。
◇トラブル発生時も逃げ腰にならず、問題解決にあたります。
◇年齢や性別の異なる初対面の方とも会話ができます。
◇与えられた目標を達成しようとがんばります。
◇チーム作業が得意で、周りの人と連携がはかれます。
◇経理事務が得意で、決算書作成の経験があります。

ここが大切！（ヒューマンスキル）

12 正しい添え状（カバーレター）の書き方を押さえておこう

添え状は立派なビジネス文書。あなたの意欲がわかります

◉──添え状は重要な審査対象書類

「こういう目的で、こういう書類を提出します。どうぞ受け取ってください」という挨拶にあたる手紙を添えて趣旨を説明する目的が添え状です。添え状のない書類はぶっきらぼうな印象を与えます。添え状が添えてあれば、審査を依頼していることが伝わります。

また、**添え状は単なる挨拶状ではなく、ビジネス文書として取り扱われます。**採用者側も、応募書類のなかで一番先に目を通しますので、履歴書や職務経歴書と同等の重要な審査対象書類と考えましょう。

◉──特に重視したい応募のきっかけ

添え状には、挨拶、応募の経緯（応募の理由、志望動機など）、自己紹介、検討のお願いを書きます。特に応募の経緯は重要で、企業は複数の媒体に広告を打つ効果に関心を示します。応募経緯の媒体名を挙げることは、採用者側のニーズに応える意味で大切です。

添え状の基本的なポイント

令和3年2月3日

フォレスト工業株式会社人事部御中

さいたま市緑区○○1-2-3
森　太郎

拝啓　時下、貴社ますますご隆盛のこととお喜び申し上げます。1月31日付毎朝新聞で、貴社の技術職募集の求人広告を拝見いたしました。

さっそく応募させていただきたく、下記の書類を同封にてご送付申し上げます。

平成20年に新卒で森林電気株式会社に入社、以来、12年にわたって半導体部品の開発に携わってまいりました。そのいくつかは製品化され、DVDやパソコンにも使われております。このたび、貴社が次世代型エコカーの開発に取り組むというニュースを耳にし、私の経験が役立つのではないかと大きな期待を抱き、応募させていただいた次第です。

よろしくご検討いただきたく、お願い申し上げます。

敬具

●同封書類
・履歴書
・職務経歴書

●ポイント●

挨拶、応募の経緯、自己紹介、採用検討のお願い、の順で書いていく。求人広告以外で紹介者がいる場合は、名前をあげておく。紹介者がその企業にとって影響力のある人なら、その後の対応を決めなくてはならず、早めに伝える必要がある。検討のお願いは、マニュアルどおりに。「どんな仕事でもいいから雇ってください」や「どんなことをしても入社したい」「ぜひ入れてください」などの懇願はかえって逆効果。

13 応募書類の郵送、提出の場合の基本とマナー

封筒、あて名の書き方から書類選考は始まっている

◉——封筒に入れる前にもう一度チェックしよう

応募書類はできるだけ早く送ります。なぜなら、そのほうが採用担当者に熱意が伝わり好印象を与えるからです。

しかし、書き忘れや誤字、脱字の多い書類だと反対にマイナスの評価を得てしまうので注意しましょう。また、面接などの対策としても**書類の控えをコピーしておきましょう。**

◉——封筒のあて名書きのマナー

①会社名は略さず正式名称を記入。あて名が会社名の場合は「御中」と記入。
②履歴書用紙に封筒がセットされていない場合は赤ペンで「履歴書在中」と明記する。
③のりで貼って封をする。その封じ目に「〆」と記す。
④封筒の裏の真ん中より右側に住所、その隣に名前を書く。

封筒の記載方法もビジネスマナー

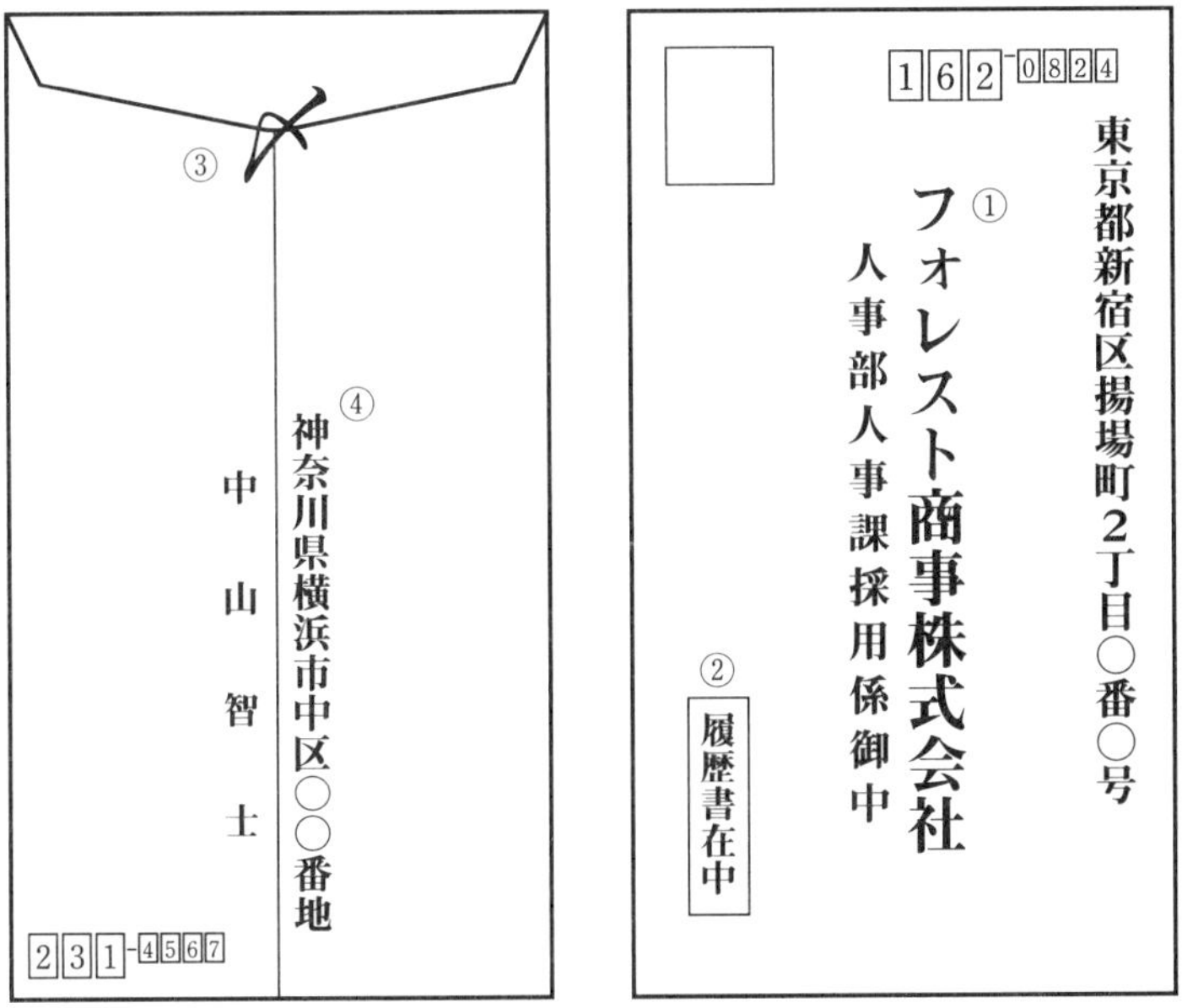
③
④
神奈川県横浜市中区○○番地
中山智士
231-4567
162-0824
①
東京都新宿区揚場町2丁目○番○号
フォレスト商事株式会社
人事部人事課採用係御中
②
履歴書在中

●ポイント●

郵送の場合によくある問題で、料金不足の人がいる。これこそ、社会人としての常識が問われるので、くれぐれも注意を。

念には念を、できれば、郵便局の窓口から出そう。

第Ⅱ部 さあ、いざ転職をはじめよう

第4章 面接はこれでバッチリ！

1 面接を受けるにあたっての心構え

「見た目」でライバルに差をつけよう

◉──面接官も結局は「見た目」で選んでいる

面接にパスする人には、何度も落ちる人と決定的な違いがあります。自分をアピールし、ほかの応募者と差をつけるその秘密は、「見た目」なのです。

カリフォルニア大学ロサンゼルス校（UCLA）のアルバート・メラビアン教授は、「言葉や話す内容」「外見」「声」のどれが相手に強い印象を与えるのか、という実験を行いました。その結果、「外見」が第1位で55％、第2位の「声」が38％、「言葉や話す内容」はわずか7％にすぎなかったのです。やはり**「人の印象は見た目で決まる」**ということなのです。

こう書くと「そんなことはない。人間は中身で勝負だ！」の反論があるかもしれません。少なくとも面接に関しては、面接官は応募者を見た目で判断するようなことはせず、話す内容を聞いて合否を判断するはずだ、と思うでしょう。

ところが、採用担当者に尋ねると、**「結局は見た目で選んでいるかもしれない」**という言葉が返ってきます。短時間の面接では、とても人間の本質を見抜くことはできないのです。

人の印象は「見た目」で決まる

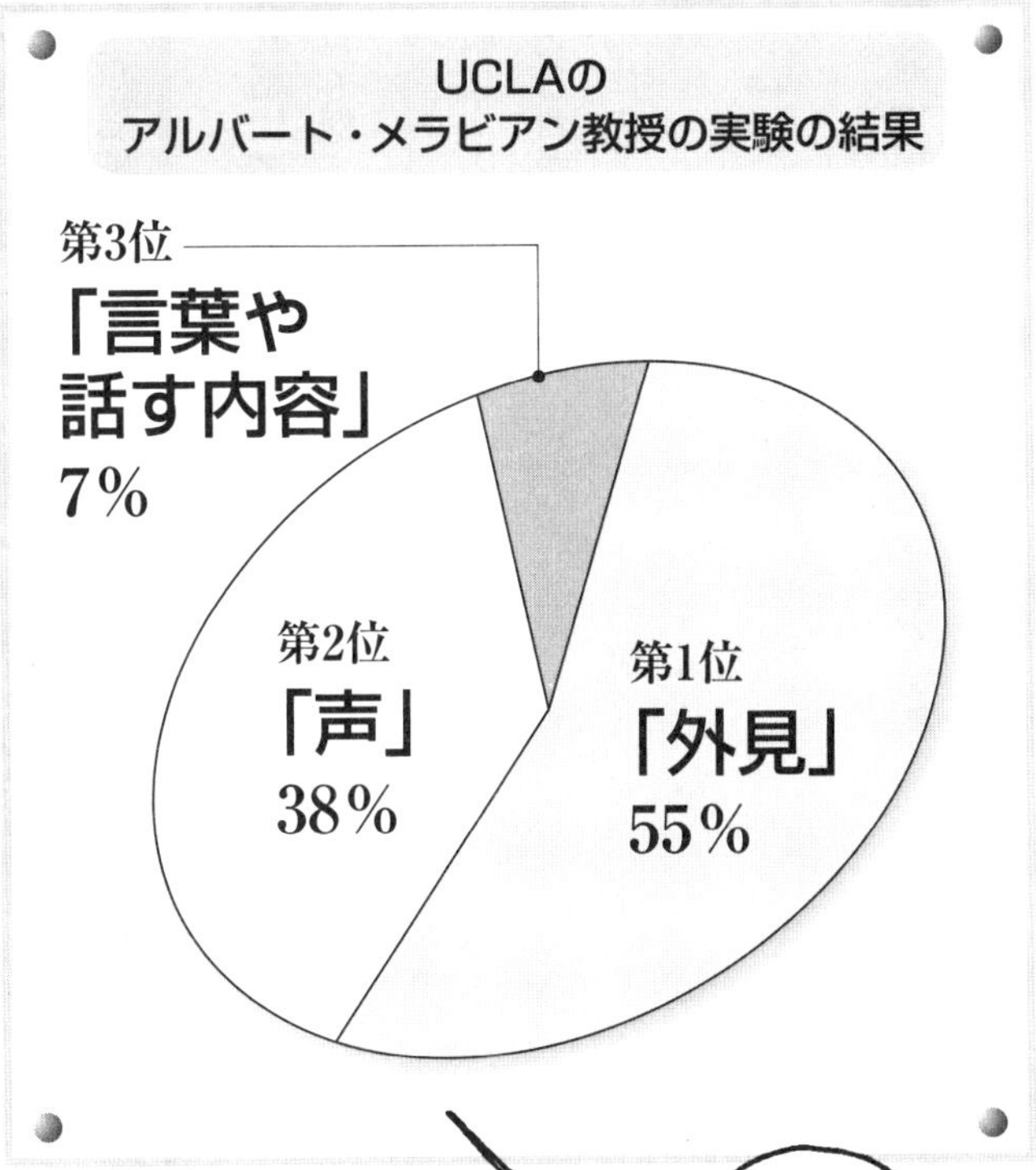
UCLAの
アルバート・メラビアン教授の実験の結果
第3位
「言葉や
話す内容」
7%
第2位
「声」
38%
第1位
「外見」
55%

やはり「人の印象は
見た目で決まる」のです

2 あなたが好印象になる服装マナー

「赤福鯛めし」と「身だしなみチェックリスト」で完ぺき

◉──「見た目」で差をつけるには「赤福鯛めし」

自分は背も低く、顔も良くないから、見た目を良くしろと言われてもできない、と思っている人もいるでしょう。でも心配はいりません。「見た目」とは、顔・形ではなく、顔つき・目つき、服装・姿勢、身ぶり・手ぶりのことだからです。これらは、**少しの意識と注意で簡単に変えられます。**

面接会場に入る前や家を出る前に鏡の前で「赤福鯛《たい》めし」をチェックすればよいのです。赤福鯛めしとは、【あ】アクセサリー、【か】顔つき、【ふく】服装、【たい】態度、【め】目つき、【し】姿勢、の6つです。これらに注意すると「見た目」はぐんと良くなります。

◉──服装は「社会人の常識」を試されている

また、服装は、清潔で落ち着いた格好をしていれば、好印象を与えることができます。202〜203ページの「身だしなみチェックリスト」で、再確認してください。

「赤福鯛めし」で見た目を変えよう

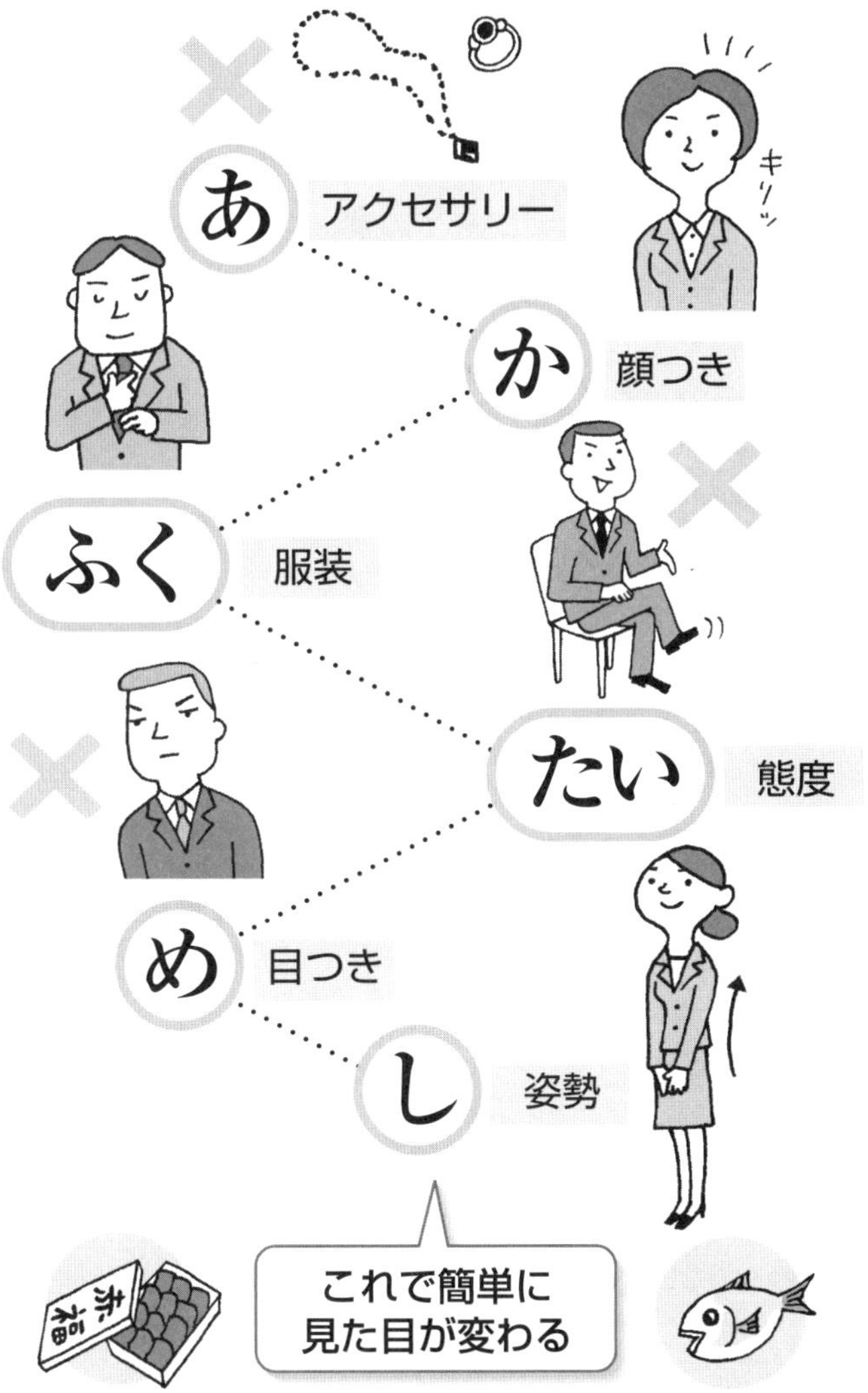

身だしなみチェックリスト＜女性編＞

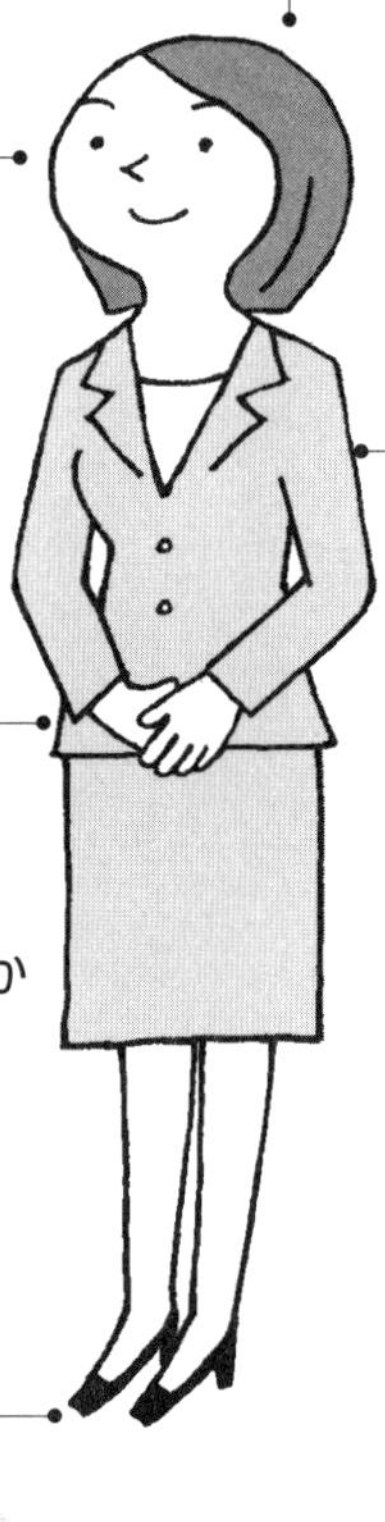

頭

□髪はボサボサではないか

顔

□健康的なナチュラルメイクか

服装

□スカートの丈はヒザの中心が隠れるくらいか

□スーツのデザインはシンプルで清潔感があるか

□アクセサリーが華美ではないか

□ストッキングは伝線していないか

指

□ツメは長すぎないか

□マニキュアは派手すぎないか

靴

□ヒールは高すぎないか

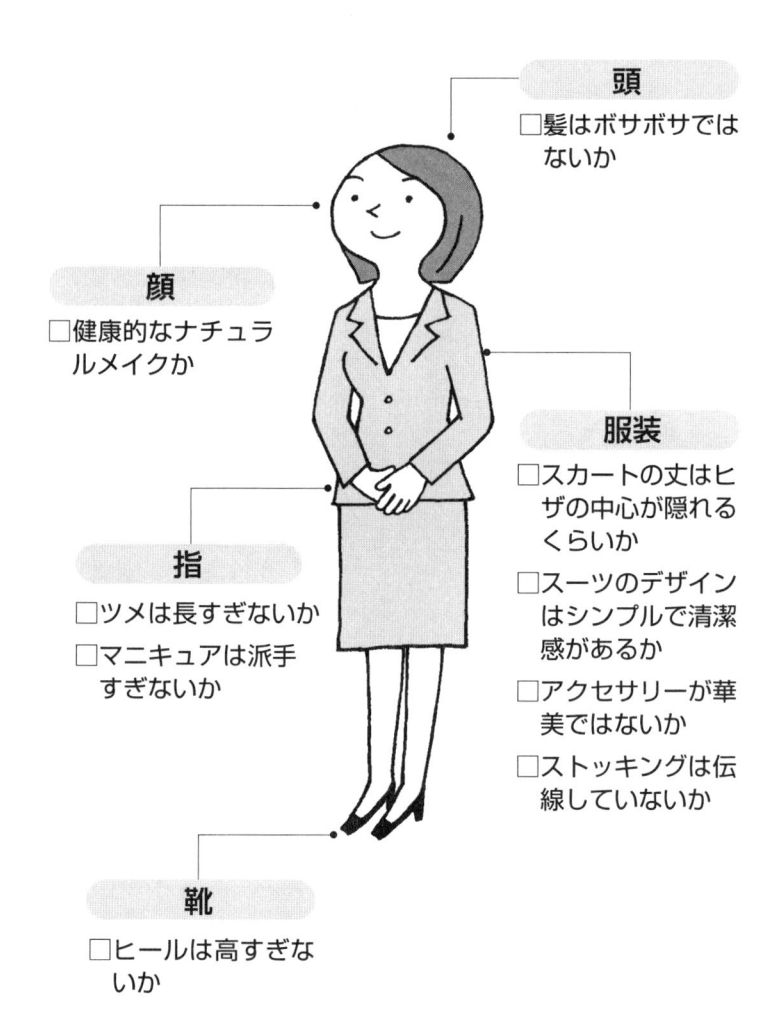

身だしなみチェックリスト＜男性編＞

頭・顔

□頭髪は不快感を与えないか
□ヒゲはそっているか
□鼻毛が伸びていないか

服装

□背広の色はビジネスにふさわしいか
□ワイシャツは白か
□ネクタイの色は派手すぎないか
□ポケットがふくらんでいないか

手

□ツメは汚れていないか
□時計はビジネス的か

靴

□靴下は黒か紺か
□かかとがすり減っていないか
□磨いてあるか

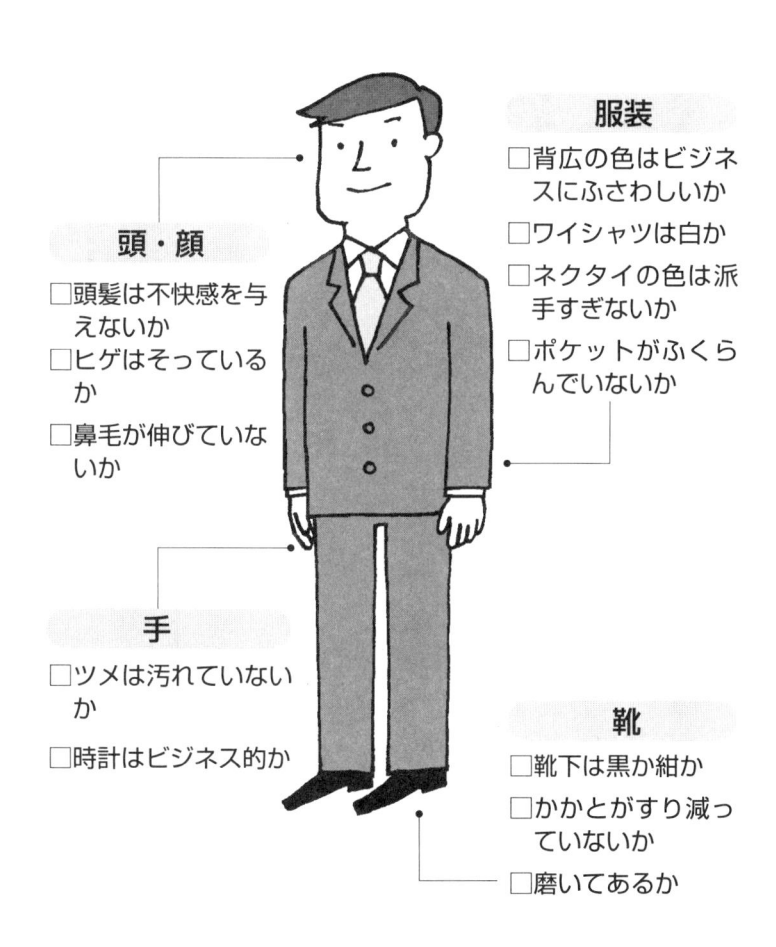

3 採用側の実情とは？

1回の面接が真剣勝負そのもの

◉——転職の際の面接は個人面接を重視

転職における面接では個人面接が重視されます。

新卒の場合は、選考のポイントが「性格」というあいまいなもので、その会社に合うか合わないか、という抽象的なものでした。しかし、転職面接では将来よりも現在が重要なのです。採用側の企業としては現在の業務に支障をきたすからこそ、それをカバーするために人材を採用します。

中途採用をする背景からして、企業には必然的な理由があり、しかもそれはほとんどの場合、急を要するものです。企業にとっても面接は業務に穴をあけてはならないから、1回きりなのです。

少なくとも、1人の応募者と何度も面接を繰り返している余裕はない。**じっくり話を聞く1回の面接で採否を決めねばならない場合もあります。**採用側も待ったなしの状態なのが実情なのです。

転職における面接の基本

面接方法

基本は個人面接。集団面接は非常にまれ。多くは人事・採用担当者あるいは求人部門の担当者・責任者との面接、役員・経営者との面接、いずれも応募者ひとりが受ける。面接官は1～3人が一般的。面接会場は会社の応接室、会議室、社長室、あるいは近くの喫茶店なども。

面接時間

求人する側の都合でさまざまなケースに分かれる。一般的には 30 分～1時間。それ以外の場合もいくらでもありうる。30 分を長いとみるか、短いとみるか、あなた次第。この時間内にどれだけ自分を表現し、高い評価を得ることができるか、悔いのないパフォーマンスを心がけよう。

面接回数

求人する側の都合でまちまち。一般的には1～2回。それ以外の場合もありうる。書類選考のあと1次面接で人事担当者と面接し、より専門的な知識・技術が必要な職種での求人なら、その担当者が面接する。3次面接があるとすれば、役員や経営者が面接し、最終的な意思確認をする。

採用人数

求人する側の都合による。一般的には、中途採用は欠員補充と考えるのが妥当。したがって、採用人数はひとり、ないしは若干名という場合が多い。ただし、事業の拡張や新規事業の立ち上げなどの時期に遭遇すれば、数名または 2 けたの大量雇用もありうる。

4 再確認しよう! 面接の流れ

携帯電話の電源は切ろう

◉―常識はずれはそれだけで不採用になる

会社勤めの経験のある人なら、面接の流れは心得ているでしょうが、基本マナーや動作についても、もう一度ポイントを押さえておきましょう。

4 入室

名前を呼ばれたら「はい」と返事をして立つ。
ドアがあれば軽くノックし「失礼します」と声をかけながらドアをあけ、入室する。
後ろ手でドアを閉めるのはマナー違反

8 退出

面接が終わったら静かに立ち上がり、イスの横でお礼の挨拶。
出口で向き直って「失礼します」と言って一礼。その後ドアを閉める

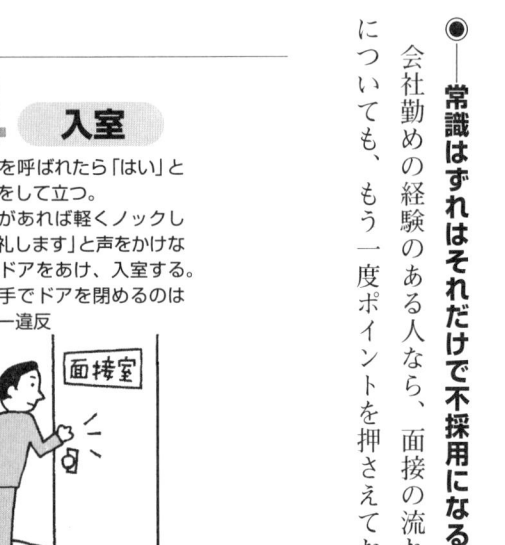

これが面接の流れとビジネスマナー

1 会場到着

早めに行くのが常識だが、早すぎてもダメ。
会場入り口に5～10分前に入るようにする。携帯の電源は必ず切る

OFF
面接会場

2 受付

名前を名乗り、面接を受けに来たことを伝える。受付のない会社では、声をかけて対応してくれた人に名乗る

本日○時に面接のお約束をしております ○○です
受付

3 控室

礼儀正しくし、廊下で人と出会ったら目礼する。控室では、喫煙、飲食、読書、ほかの応募者との話は避けて待つ

5 挨拶

ドアの前で挨拶。45度上半身を折る「お辞儀」をして名前を名乗る。「面接のお時間をとっていただき、ありがとうございます」との言葉を添える。提出書類があれば、ここで渡す

30°～45°

6 着席

面接官に促されてから着席。イスには背もたれとの間にすき間をつくる。大きなバッグやカバンは足元の床に置く。手はひざの上にそろえる

どうぞおかけください

7 面接

面接中は背筋を伸ばし、視線を相手の顔全体に向ける。
意識して笑顔をつくり、相手とのコミュニケーションを心がける

5 面接モデルトーク①「当社に応募した理由を聞かせてください」

どれだけその会社を知っているかが重要

◉——なぜ、その会社が良いのか？

志望動機を問う最も一般的な質問です。同業他社と比べてなぜその会社なのか、会社選びの基準とその理由を明確に答えましょう。

たとえ求人広告を見て「なんとなくよさそう」と思ったとしても、何が「よさそう」だと思ったのか、突き詰めていけば理由に思いあたるはずです。給与額かもしれないし、勤務条件かもしれません。

それならそれで、堂々と本音を言うのもインパクトがあります。

しかし、面接官の受け取り方が異なるので、少々リスキーなことでもありますが……。

この質問の真意は**「当社のことで知っていることを言ってください」**であり、突き詰めれば**「当社をほめてみてください」**ということなのです。

会社選びの基本は企業情報の収集です。応募する会社のことを知らなければ、志望理由も説明できません。ましてや、知らない会社をほめることはできません。

回答例

商品（サービス）にひかれた

以前から御社製品のファンで、新商品が出るのを楽しみにしていました。先日発売された○○などは、「待ってました!」と思わず叫びたくなるほど、消費者の心理をついた商品でした。そんな商品をつくる御社にぜひ入りたいと思い応募しました。

会社の事業にひかれた

日本経済新聞で、御社がこれから輸入事業に乗り出すという記事を読みました。しかも非常にユニークな方法ということなので、強い興味をもちました。このたび、そのための人材募集ということなので、私もぜひ参画したいと思い応募しました。

経営方針にひかれた

御社が経営方針として打ち出している「事業部ごとの独立採算制」に共感を覚えて応募しました。この制度ですと、個人の力も最大限発揮できますし、私のような中途採用の者も、これまでのキャリアが生かせると思い志望しました。

●ワンポイントアドバイス●

経営方針や魅力ある商品(サービス)、企業風土や職場環境、事業展開、将来ビジョンから探す。

汗をかきながら足を使って調べたことのほうがよい。店舗のある企業なら、その店に足を運ぶ価値は絶対ある!

会社の情報をどうやって手に入れたのか、具体的な方法で説明すると説得力が増す。

6 面接モデルトーク②「当社に入社したら、何をしたいですか?」

あなたに「できること」は何か?

◉——答えるべきは仕事の内容

この志望動機を聞く質問は**仕事の内容を聞いている重要な質問**です。希望する部署名や求人広告にある職種名で答える人もいますが、あまり的確ではありません。「総務部を希望します」や「システムエンジニアに応募します」では相手に気持ちは伝わりません。

募集要項にある募集職種は、業務内容を正確に表してはいません。採用側はその人の適性、希望を考慮してから振り分けようとしているのです。

応募者としては、むしろ仕事内容や自分のできることは何かを答えるほうがよいのです。営業職ならどの分野のどの商品をどんな顧客に売りたいのか、一歩踏み込んだ答え方をするとあなたの評価はアップします。それが、**たとえ夢のような話でも、将来のスキルアップをめざした結果**のことなら、評価されます。

回答例

異業種の人

前の会社は鉄製品の商社で、食品卸の御社とは、同じ商社でもほとんど異業種です。ですから、社員の皆さんとノウハウの情報交換をし、販売技法を高めたいと思っています。

勤務年数が短い人

マーケティングの仕事に携わりたいと思います。前の会社ではできなかったことなので、御社ではぜひやってみたいと思っています。OJT を受け、独自の勉強も進めていきます。

同じ仕事を長く続けた人

長年同じ仕事に従事してきたので、違う仕事に挑戦したいと思っています。経験不足をご懸念のようですが、仕事を覚えるコツはのみ込んでいます。大きな仕事に挑戦させてください。

「ハングル能力検定」準1級の資格をもっておりますので、御社の韓国進出のプロジェクトに加えていただきたいと願っております。日常会話なら教えることもできます。

転職回数の多い人

豊富な会社経験がありますので、中小企業診断士の資格をとろうと、すでに準備を始めています。資格がとれれば、御社のコンサルティング業務にも貢献できると思います。

●ワンポイントアドバイス●

採用者側がこの質問を出すときは、応募者の志向を確認している。

応募者が「こんなことをしたい」と夢のようなことを語っても、できないことはある。しかし、あなたが、どういう志向をもっているか、面接の時に確認しておくためにしているのである。

だから反対に、応募者が知らない業務でスキルが生かせる分野があるかもしれないという応募者の回答を聞いて採用者が判断することになる。

この質問は、採用者側が自社業務について応募者がどれだけ理解しているかを推測する目安にしている、という一面もある。だが、あなたは臆せずに堂々と、できること、やりたいことを述べればよい。

7 面接モデルトーク③「なぜ、前の会社を辞めたのですか？」

採用担当者は前向きな答えが聞きたい

◉積極的退職理由を探そう

面接では必ず聞かれる質問ですので、ここだけは押さえておきましょう。

あいまいな答え方をすると、何か隠しているのではないかと疑われてしまいます。明確に答えて面接官を納得させなければなりません。実際の理由は、「消極的理由」と「積極的理由」でしょう。しかし、ここでは「新しくやりたい仕事を見つけた」や「これからはこういう仕事がしたく、退職した」などの「積極的理由」を話しましょう。

採用担当者からすると、せっかく雇った社員がまたすぐ辞めてしまうのではないか、という心配が常にあります。ですから、辞めた理由については、非常に神経をとがらせています。

応募者の答え方があいまいだと、前の会社に問い合わせて経緯を聞くこともあるほどです。そのため、応募者としては、たとえ人間関係で辞めたとしても、表面は円満退職ということにし、積極的で前向きな理由を考え出しましょう。

回答例

会社の倒産の場合

会社が経営不振で倒産したため、退職しました。残って再建する選択肢もあったのですが、組合の委員長が「きみはまだ若いのだから、ほかの会社でやり直しできる。ここで苦労するより、外で可能性を求めろ」と言ってくれたので、従いました。運が悪いともいえますが、大きな試練を乗り越える貴重な経験をしたと思っています。

人間関係が原因の場合

実は会社でちょっとしたトラブルがありました。手違いで、大事なお得意様にご迷惑をかけてしまいました。だれが悪いということはないのですが、5人でチームを組んでいたのでリーダーであった私が責任をとるということで辞職いたしました。お得意様は辞めることはないと言ってくださったのですが、けじめをつけるため退職しました。

スキルアップをめざす場合

前の会社では、営業職として飛び込みで顧客を開拓し、深耕するという業務に携わり、売上に貢献できたと自負しています。ですが、営業マンとしてはそれだけで満足できなかったのです。営業全体を見渡して販売戦略を立案し、スケジュールどおりに実行・管理できなければ、真の売上貢献にはならないと思い、スキルアップを求めて転職しました。何回か転職をしていますが、一貫して営業職で、そのたびにスキルアップしています。

●ワンポイントアドバイス●

「職場環境が合わなかった」や「職場の人間関係が悪かった」あるいは「やりがいのない仕事だった」など消極的な理由はもちろんNG。

辞めた理由として話さなければならないのは、積極的理由である。たとえば「新しくやりたいことを見つけた」や「これからはこういう仕事をやりたい」といった前向きの理由。すでに辞めてしまっている人は、辞めた理由を前向きな視点でとらえ直してみればよい。必ず何かやりたいことがあったはず。それを退職の理由にしよう。

8 面接モデルトーク④「この仕事（職種）を選んだ理由は何ですか？」

すでにあなたが始めていることを伝える

◉「興味がある」だけでは通らない

この質問に対する答えはいくつかの場合に分けられます。

経験がある場合は、同業種に転職する理由を聞かれます。あなたなりの回答を用意しておく必要がありますが、この質問については、それほど悩むことなく答えられるはずです。

問題は、未経験者やキャリアの浅い応募者の場合です。あこがれるのはかまいませんが、見た目の華やかさに惑わされて仕事内容を正しく理解していないと、相手に見透かされてしまいます。熱意や思い入れを語るより、その仕事に対して自分がもっている知識・技術・経験をどうリンクさせるかにまで踏み込んで話さないと、アピールできません。

意欲を証明するには、その職種に関する勉強や体験をすでに始めていることを伝えるとよいでしょう。

それまで社会人として働いてきた経験のある人なら、希望する職種に生かせるスキルは必ずあるはずで、それを生かせる会社を探すのが**転職の醍醐《だいご》味**であるとさえ言えます。

回答例

何度も業種を変える場合

最初に入った会社でバリューエンジニアリングの考え方を知りまして、スペシャリスト認定試験を受けました。バリューエンジニアリングとは、製品やサービスの価値を、ユーザーに対して果たすべき機能やコスト面でシステムレベルを通じてアップさせるということで、さまざまな業種で取り入れられています。そのスペシャリストとしてスキルアップをはかるため、結果として多くの業種にかかわることになりました。

何度も職種を変える場合

最初の会社は梱包材のメーカーでした。印刷物のデザインを担当し、そのおもしろさに夢中になりましたが、3年目に会社がその部門をアウトソーシングすることになり、私はデザインの仕事がしたくて転職しました。デザイン会社では、本の装丁の仕事を担当しましたが、本づくりを通して編集の仕事に興味をもち、編集プロダクションに転職しました。その会社はPR誌を主につくっていたので、会社の広報の方たちと知り合うことができました。それによって、トータルな広報の仕事をしてみたいと思うようになりました。

何度も会社を替える場合

転職の回数は多いと思います。転職の理由はそれぞれの会社で少しずつ違いますが、トータルして言えることは、営業職として、1つでも多く売りたい、1円でも多く売上をあげたい、という思いから転職してきたと思っています。そういう思いから、販売技術を磨いてきました。そのおかげで、これがプロの売り方だ、と言えるものも身につけました。

●ワンポイントアドバイス●

この質問に対する答えはいくつかの場合に分けられる。

1つは経験で、現職・前職・アルバイトでも経験があるからそれを生かすため、というアピールのしかたである。

もう1つは、まったく経験がない場合には、「興味がある」「あこがれていた」「チャレンジ精神」などは純粋な理由であるが、それだけでは通らない。

3つ目が、その職種に生かせる切り札を持っている場合は、資格や類似職種での経験、特殊な技術があれば、それをより効果的に発揮させるために転職する、というアピールが有効。

9 面接モデルトーク⑤「なぜ、前の会社を辞めてからブランクがあるのですか？」

きちんと答えられる理由を見つけよう

◉——ポリシーをもっていたか？

面接を受けている段階でのあなたの状況はどうなっているのだろうかを考えましょう。率直に言うと、面接官は転職者のブランクを嫌います。その理由は、実務能力の低下です。ブランクが長引いてくると休みグセがつき、転職への意欲が減退し、ビジネス感覚も鈍ってきます。

しかも、採用担当者は「多くの会社で不採用になるにはそれだけの理由があるのかもしれない、うちも見合わせておこうか」と思ってしまいます。こうなると悪循環で、ますますブランクは広がります。まして「何もしていませんでした」などは論外です。

「しばらく仕事をする気にならず、のんびりしていました」や「リフレッシュするために旅行をしていました」なども評価は得られません。「充電期間」という言葉もあやふやで、転職への意識が弱いと思われ、好印象にはつながりにくいのが実情です。ですから、「資格を取得するために勉強していた」など何かしらの理由をみつけましょう。

回答例

何もせずぶらぶらしていた場合

めざしているこの職種に関しては経験がないので、すぐに就職活動に入ることができません。そこで、まず基礎知識を学ぼうと勉強を始め、図書館や職業訓練校、実際の現場へ足を運び、知識の習得に努めていました。

きちんと転職活動をしていた場合

就職活動をしていました。ただ、希望職種の求人が少ないので、受験の機会はかぎられます。そこで、この業務に不可欠の英語の勉強に精を出し、学校にも通って勉強してきました。そのかいあってか、TOEIC では 720 点までアップしてきました。

海外旅行をしていた場合は

3カ月間アジア各国を視察していました。前の会社でも中国茶の輸入を手がけていましたが、実際に現地を見たことはありませんでした。これからも輸入業務を専門にやっていこうと思っていますので、一度じっくりアジア諸国を見ておいたほうがいいと思ったのです。

アルバイトでつないでいた場合

就職活動は続けていましたが、アルバイトもしていました。生活のためということもありますが、アルバイトでも違う職種を経験することで、職業人としての幅を広げておきたかったからです。おかげで、接客や在庫管理といった未経験の仕事を経験できました。この経験は将来、御社で役に立つと思います。

●ワンポイントアドバイス●

「会社に在籍している」人は、当然近々その会社を辞めることが前提になるが、採否の結果を待って決めるという二股は、面接では隠しておこう。

「前の会社を辞めてからしばらく時間がたっている」人はその間、何をしていたか、明確に答えなければならない。“○○をするためにポリシーをもってぶらぶらしていた”という理由を答えよう。

10 面接モデルトーク⑥「結婚、出産後も働けますか？」

様々なシチュエーションがある。自分のなかでもう一度整理しよう

◉——きちんと考えておかなければいけない問題

女性の応募者に対して、こういう質問は多いのです。女性の方はこの質問に対してあまりいい印象を持ちませんが、ここはぐっとこらえて挑みましょう。

採用担当者は、常に採用した人材が短期で辞めてしまわないかを心配しています。男性の場合でもその心配はありますが、女性の場合は結婚退職の可能性もあり、なおさら気になります。結婚している女性なら、出産を理由に退職することも心配しなければなりません。

それでこの質問になるのですが、仮定の質問であるだけに、どういう回答もできると考えがちです。新卒の場合は「将来、そういう状況になったとき、改めて考えます」と答えて逃げることもできましたが、中途採用の場合は、結婚どころか出産でさえ、遠い将来のことではないかもしれません。**今、予定がなくても近い将来、その問題に直面する可能性は大なのです。**もし、そうなった場合、どうするかを考えておかなければなりません。

応募するときにはきちんと自分のなかで整理をつけておきましょう。

回答例

結婚の予定がない場合

結婚する意思はありません。せっかくマーチャンダイザーになれたのに、結婚でしばられたくありません。いまは仕事がおもしろくてしかたのないときで、この仕事を究めるまで、当分結婚や家庭には目が向かないと思います。

結婚の予定はあるが働きたい場合

はい、働きたいと思っております。付き合っている人はいますが、結婚ということになれば、相手には私が仕事をすることを了解してもらいます。相手とは、何度もそのことについて話し合い、私が仕事をすることに理解を示してくれています。

結婚しているが出産の予定がない場合

出産の予定はありません。私たちは、子育てに労力をとられるより、お互いが好きな仕事ができるよう協力しあう、ということで合意しています。ですから、出産で仕事を辞めることはもちろん、休むこともありません。

結婚、出産しても家族が協力してくれる場合

現在婚約中で、私の就職が決まったら式をあげることになっています。その人は、フリーで仕事をしていますので、家事の大半を分担してくれると言っています。私の実家も近くにあり、母も子育てに協力してくれることになっています。

●ワンポイントアドバイス●

この質問は、採用担当者側には悪意がない。ではどう答えたらいいのだろうか?

結婚の予定がある場合は、相手とよく話し合っておかなければならないのはいうまでもない。仕事と家庭をどう両立させるのか、協力を得られるのか、突っ込まれたとき、きちんと答えられるようにしておこう。

すでに結婚している場合は、なおさら家族の理解が必要になる。出産をしても仕事が続けられる状況か、家庭を犠牲にしてでも働かなければならないのか、また働きたいのか、覚悟を決めておかなければならない。

11 よく聞かれる質問への効果的な答え

ウソはつかずに正直に語ること

◉──採用者はこう見ている

採用者側は、求人する段階で、採用したい人材のイメージがほぼ固まっています。そのため、よくする質問もある程度同じですが、求めている答えは企業それぞれです。

採用担当者にとって、前職については、職務経歴書に書いてあるので、詳しく聞くまでもありません。しかし、本人に答えさせることで言語能力を試しているかもしれません。

たとえば、苦労した話を率直に話すことはかまいませんが、愚痴にならないように注意しましょう。苦労したことを話すだけでは不十分で、その経験から何を学んだか、どのように成長したかを簡潔に述べることが大事なのです。

大切なことは、ウソをつかないことです。聞かれたことは隠さず正直に答えることで、面接を受けている会社のどこに魅力を感じ、何ができるかを語りましょう。

つまりは志望動機に戻ります。あなたのやりたいことをその会社でするために入社したいとアピールしましょう。

よく聞かれる質問とアドバイス

前の会社でやっていた仕事の内容について教えてください

自分がしてきた仕事を具体的に語り説明する
応募先企業で役に立つスキルや適性を強調するのもテクニックのひとつ

前の会社で不満だったことは何ですか?

「人間関係のトラブルはどの会社にもありますから、気にしていません。それが原因で会社を辞めようと思うことはありません」と、はっきり否定すること

前の会社で仕事上、失敗したことは何ですか?

失敗談は自分をPRする絶好の機会なので、応募者の問題解決能力と自分のミスを後から振り返って分析し、原因を究明、問題点を克服する力の、社会人としての対応能力をこそPRすべきである

あなたの特技（強み）は何ですか?

「特にありません」と答えてはならない
この質問で採用者側は「あなたを採用すると、どういうメリットがあるか、宣伝してください」と言っている

未経験の仕事ですが、大丈夫ですか?

ハンデがあることは認識しよう
経験のないものに挑戦しようという意欲をアピールする
経験者にはない自分独自の経験をその仕事に生かす

採用されたら、いつから出社できますか?

この質問をされると、採用はかなり有望なので、答え方のポイントは、時間がかかる場合は理由を明示して猶予をもらうこと、そして、ポイントを稼ごうと安請け合いはしないことである

12

面接でこちらが質問、確認すること

疑問をきちんと尋ねることを採用担当者は望んでいる

◉面接は応募者が会社を判定する場でもある

転職面接は、自分を売り込む場であると同時に、自分が働くのにふさわしい会社かどうかをチェックする場でもあります。求人広告や募集要項だけではわからない疑問点があれば、面接時に積極的に確認して、自分に合う勤務先かどうかを見極めましょう。

◉入社したと仮定すると、知りたいことが見える

また、自分が入社したと仮定すると、知りたいことが見えてきます。どんな仕事をどこで、どんなふうにするのか、仲間はどんな人たちで、勤務形態はどうなのだろうか、そうした質問事項をあらかじめ用意しておきましょう。

採用担当者側からすると、面接で説明し落としていることはないか、と気になっています。質問さえあれば答えようと待っているので、**遠慮せずに疑問は尋ねてあなたの胸のつかえを解消しましょう。**

面接で確認するチェックリスト

□給与条件
給与・賞与は重要な問題。募集要項だけではわからないこともあるので、納得できるよう確認すること。面接時に説明があれば、あえて聞くこともないが、なければ質問してよい

□仕事内容
会社の事業内容、募集職種の仕事内容は説明があるはずだが、事前に疑問点を洗い出し、その場で１つずつ解消しておこう

□勤務条件
出張や交替制、勤務時間、勤務地などを確認する。対応できるか質問されたら、迷わずはっきりと「できます」と断言する。もちろんできないことに「できます」と答える必要はない

□休暇・休日
勤務条件の１つであるが、勤務体制が変則な職種なら当然気になる。休める日を確認するよりも、勤務すべき日や時間を聞くこと

□福利厚生
待遇条件の１つとして確認。特に社会保険に関することは押さえておこう

□経営状態
担当者が説明する場合は重ねて質問することもないが、新規事業など興味を引くことがらがあれば話題にしてもよい。先行きを危ぶむような否定的な質問はＮＧ

□職場環境
職場の様子は知りたい事項の１つ。従業員数や、大きさ、周辺の環境、最寄り駅からの距離など、いろいろ聞いてみたい。働きたいという意欲を示すにも格好の質問である。

選考結果の連絡は「本日の選考結果は、いつごろご連絡をいただけるのでしょうか。入社までのスケジュールをお聞かせください」とはっきり聞こう

13 知っておくと得をする！ 礼状の書き方

あなたの好感度をあげるテクニック

◉──会場を出たらすぐに礼状を書こう

面接の後、すぐに人事担当者あてに礼状を出しましょう。中途採用の面接で礼状を書く応募者は少ないので、受け取った担当者にとってあなたは記憶に残る存在になります。

中途採用の場合は、採否の決定が早くその日のうちの決定もありえます。それなのに、2日後に礼状が届いたのでは意味がないので、遅くとも翌日には届くように出しましょう。

◉──面接で感じたことを盛り込み、好感度アップを狙え

書き方は、拝啓から書き起こして敬具で結ぶ書き方でもよいのですが、すぐに書くはがきの礼状の場合は、前略、草々の形式で時候の挨拶も省略してよいでしょう。

文面は、**面接のお礼と入社への強い意思、検討・選考のお願い、**で十分です。ただ、できれば社交辞令ではない、面接で感じた感想を盛り込むと印象がよいでしょう。それが入社の意欲をさらに高めたのだと展開できれば、あなたの好感度はアップ間違いなしです。

礼状のサンプル

拝啓　○○の候、貴社ますますご盛栄のこととお喜び申し上げます。

　先日はお忙しい中、私こと○○○○の採用面接をしていただき、誠にありがとうございました。

　御社への入社を希望している私にとって御社の方々とお会いし、お話ができたことで、充実した時間を過ごせました。ますます御社に入社したいという気持ちが高まり、ぜひとも入社できればという気持ちが強まりました。短い時間で、自分自身の熱い思いをお伝えできたかどうか、はなはだ心もとない気がいたしますが、ぜひ、貴社の一員となり、貢献いたしたいと思っております。

　よろしくご検討のうえ、よいお知らせをいただけますよう、お願い申し上げます。

　まずは、取り急ぎ、面接でのお礼を申し上げます。

敬具

14 筆記試験対策は日々の積み重ね

自信をもって冷静に臨めば大丈夫！

◉――面接だけが試験だと思うな

中途採用で面接を最重要視している会社は多いですが、それだけでは決まりません。面接の前に書類選考が必ずあり、履歴書や職務経歴書を提出させられます。さらに、面接時に筆記試験や実技試験を行う会社もあるのです。

たとえば、会社説明会といわれて、説明を聞くだけのつもりが筆記試験を受けさせられて焦った、という例もあります。面接対策だけでOKという転職では、とても成功しません。テストの有無については、どんなテストかは別にしても、**「ある」ことを前提に臨みましょう。**

面接以外のテストで最も多いのが「一般常識」を問う筆記試験です。漢字の読み書きや計算、時事問題など、普通に新聞を読んでいればできる問題で、社会人としての基礎知識を身につけているかを見るものです。自信をもって、冷静に臨めば大丈夫です。

筆記・実技試験の種類と対策

〈一般常識試験〉	漢字の読み書き、簡単な計算、地理・歴史用語、時事問題、流行語、英語(単語・和訳・作文・会話)、政治・経済、法律関係、社会現象、科学知識、ビジネスマナー、商習慣、スポーツ・芸能、業界に関する知識など、傾向は企業によって異なるが、浅くて広い知識が試される	**《対策》**社会人としてふつうに生活していれば自然と身につく知識。転職を意識し始めたら特に新聞を丁寧に読むよう心がけよう。問題数が多いと覚悟し、わかるところから手をつけること。思い出せないものは後回しに
〈専門知識試験〉	エキスパートを求める場合に課す試験で、技術職をはじめ、専門知識が必要なあらゆる職種で行われる。形式もさまざまで、選択式の出題もあれば、「〜について記せ」といった記述式の設問もある。実際の業務に近い問題を出す会社もあり、ほとんど実技試験を課しているかのようである	**《対策》**新しい知識を覚えるより、試験に臨む前に、自分が使っている専門的な用語をチェックすることが大事。入門書などをおさらいしておくと、用語や基礎知識の復習になり、安心できる。自分のやり方や知識が独断ではないか、もう一度初心に返って勉強し直すくらいの謙虚さがほしい
〈作文試験〉	企画・制作に関する職種で行われることが多い。あるテーマに沿って400〜800字程度の文章を書く試験が多く、文章構成能力や論理性、表現力が試される。その場で書かされるだけでなく、応募書類のひとつとして提出を求められることもある	**《対策》**応募書類として提出を義務づけられなくても、「入社後にしたいこと」や「私がやってみたい企画」「作ってみたい商品」などのテーマで1度書いてみること。自分のめざす方向性を自覚し、それを文章にする訓練をしておくと、面接でも役に立つ。誤字・脱字・しゃべり言葉の乱用にも注意
〈その他の試験〉	**パソコン入力実技試験** パソコン操作スキルを判定するテスト。ブラインドタッチは当然。 速さだけをアピールするのではなく、意味を考えながら正確に入力することが大事	**文書作成試験** 事務処理能力を問うシビアな実務試験。ポイントは速さよりも、正確で読みやすい文書作成能力。 書式、レイアウト、書体、文字の大小など、つねに配慮するくせをつけておこう
	ソフト活用実技試験 ソフト(ワード、エクセル、パワーポイント)などのパソコン操作能力を見るテスト。 架空のデータで処理訓練をしておこう。昇降順などの並べかえや、図表、グラフの表現方法、数値に対する考え方や、目的に沿ったレイアウトのしかたを事前に勉強しておくとよい	**電話対応模擬試験** 基本的ビジネスマナーやコミュニケーション力を判定するテスト。 臨機応変の対応ができること。プラスのポイント獲得をめざすより、マイナスポイントをいかに少なくするかが大切である。慎重で謙虚な対応を心がけよう

特別付録　面接官のチェックポイント

＊面接官は、面接時の応募者のココを見ている！

入室まで	1□受付での取り次ぎ依頼がきちんとできているか
	2□控室での態度に問題はないか
入室の時	3□ノックをし、返事を待って入室したか
	4□入室の挨拶はできたか、服装に違和感はないか
	5□着席のタイミングは適切だったか
	6□立ち方、歩き方、座り方の姿勢はどうか
経歴説明	7□前職を否定的にとらえていないか
	8□実績や経歴を過大に宣伝していないか
	9□経験をどう生かそうとしているのか
退職理由	10□前職の厳しさに耐えられなかったのではないか
	11□人間関係に問題はなかったのか
	12□飽きっぽい性格ではないか
	13□前向きに転職を考えているか
志望動機	14□経験を生かすための志望動機か
	15□自社に対して正確に認識しているか
	16□自社でなければならない志望動機か
	17□自分の強みを生かそうとしての志望動機か
	18□志望動機に仕事に対する信念が感じられるか
	19□将来のキャリアビジョンをもっているか
自己ＰＲ	20□自己を客観視できているか
	21□虚言癖はないか
	22□話し方に説得力があるか
	23□熱意が感じられるか
待遇説明	24□人の話を聞く態度はどうか
	25□理解力はあるか
	26□待遇面で折り合えるか
	27□組織適応力・協調性はあるか
質問要求	28□説明したことを質問していないか
	29□入社の意思は強いか
退出時に	30□自社が求めている人材の条件と一致するか

第Ⅱ部 さあ、いざ転職をはじめよう

第5章

オンライン面接徹底攻略法

1 オンライン面接ではネット環境が最重要

「準備ができない人」と思われないために

◉──安定したネット回線が結果を左右する

「まえがき」にも記しましたが、新型コロナウイルスの影響で、オンライン面接が一般に広がりました。求職する側にとっては移動時間や交通費がかからないこと、日程調整が楽といった理由でオンライン面接へのニーズが高まり、採用する企業側もそれに積極的に呼応している形です。

しかし、オンライン面接には、求職者にとってメリットだけではなく、注意しなければならない面があります。その最たることの1つが、**自宅のネット環境**です。

不安定なネット環境は、肝心な所で回線が切れてしまったり、映像がフリーズしたり、音声が途切れて伝わらなかったり……、などのトラブルを引き起こします。これは仕事の能力とは関係ないトラブルと思われるかもしれませんが、採用する側に対して「大事な面接の準備ができていない人」という印象を与えてしまいます。

ネット回線の状態を確認するには、家族や友人などに協力してもらい、事前にオンライイ

安定しているインターネット回線は?

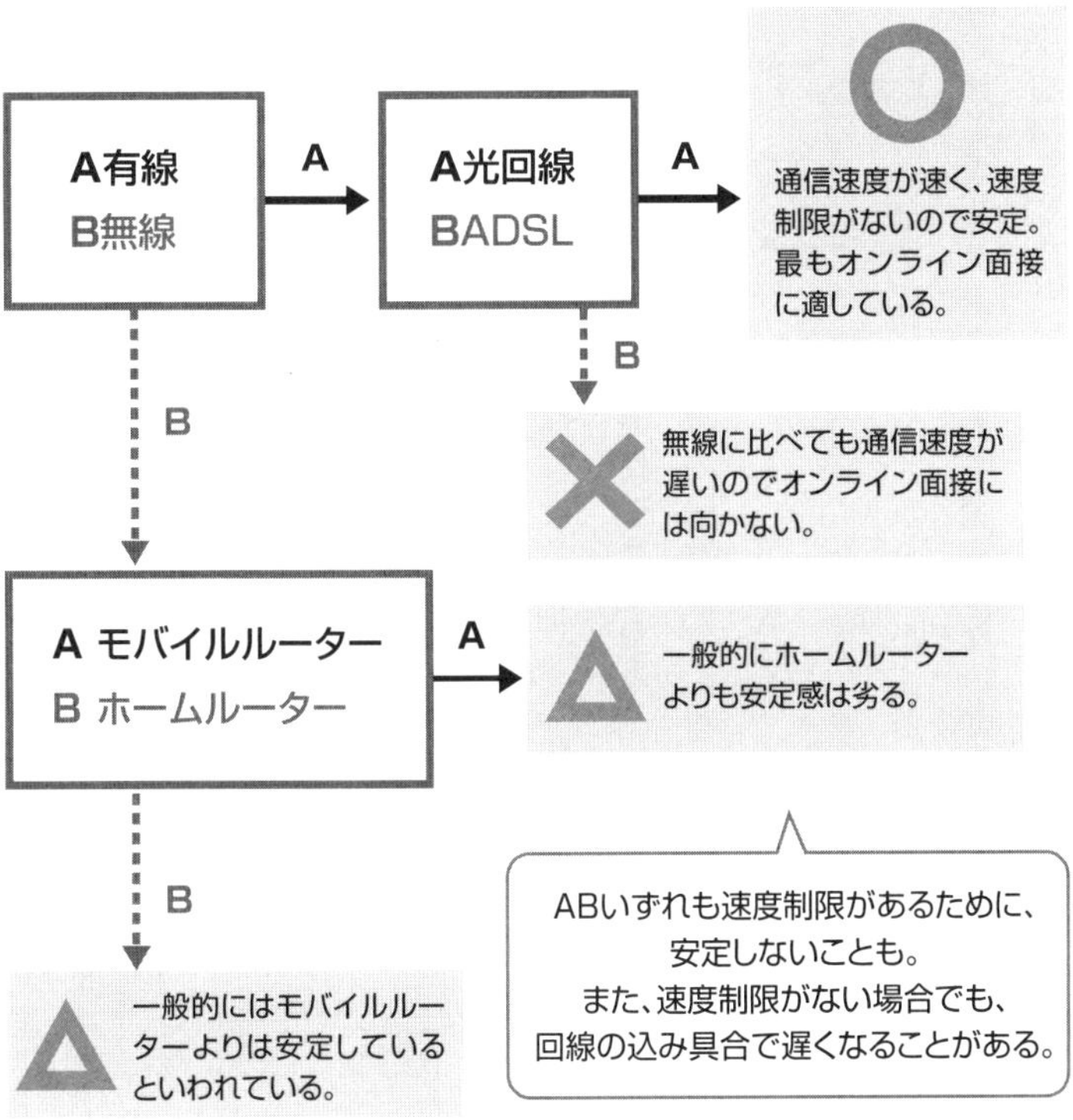
A有線
B無線
A
A光回線
BADSL
A
通信速度が速く、速度制限がないので安定。最もオンライン面接に適している。
B
無線に比べても通信速度が遅いのでオンライン面接には向かない。
B
A モバイルルーター
B ホームルーター
A
一般的にホームルーターよりも安定感は劣る。
ABいずれも速度制限があるために、安定しないことも。
また、速度制限がない場合でも、回線の込み具合で遅くなることがある。
B
一般的にはモバイルルーターよりは安定しているといわれている。

バックアップ用に携帯電話のテザリングを使おう

携帯電話の回線をWi-Fiルーターとして使用。メインではなく、あくまでバックアップ用にしたほうが不測の事態に備えられる。

ンでやりとりをしてみて、トラブルが発生しないかを確かめることが大切です。

そして、通信会社による回線障害や停電などの不測の事態も想定し、ネット回線が切れたときの**バックアップ方法、対処法を事前に確認する**ことも忘れてはいけません。たとえば、普段パソコンで使っている回線とは異なる、携帯電話の回線をバックアップ用として用意するのは比較的容易な方法です。

ただ当然のこと、ネット回線以前に、使用しているパソコンなどの端末自体が、ビデオ通話に耐えられないレベルのスペックを有しているかの確認は忘れてはいけません。

◉——面接当日の環境チェック

面接当日は、**1時間前から環境チェック**を始めましょう。

普段使用しているネット回線の状態はもちろん、バックアップの携帯電話のテザリング（ホットスポット）など、すべてチェックします。

また、周囲のノイズチェックも大切です。家族のノイズ、周囲のノイズをコントロールしてください。たとえば、ペットの声が聞こえないように離れた場所に連れて行く、宅配便業者に向けてインターフォンを鳴らさないようにメモ書きを貼っておくなど、細心の注意を払いましょう。

面接当日の環境チェック

□ **マイクやスピーカーの不調はないか?**

→パソコン内蔵のマイクやスピーカーより、マイク付きイヤホンのほうが安定感が増す。

□ **テレビ電話アプリは最新バージョンになっているか?**

→最新バージョンになっていないと、トラブルを起こす可能性あり。

□ **映像の動きが遅くないか?**

→ネット回線を要確認。

□ **映像がカクつかないか?**

→ネット回線を要確認。

□ **ハウリング(キーンなどの不快な音)、エコーを起こしていないか?**

→2台以上の端末でシステムに接続すると発生する可能性が高い。

□ **家族やペット、周囲のノイズが聞こえないか?**

→事前に家族に静かにするように伝えたり、ペットを声が聞こえない場所に移動する。

2 使用されるオンライン面接ツールをしっかりマスターしよう

企業側がどんなツールを使っているのか要チェック

◉―面接ツールはZoomだけではない

オンライン面接に使われるツールはいくつかあります。世界的に利用者数が増えたZoomの他に、Microsoft Teams、Skype、Google Meetなどがあります。

操作の違い、接続方法、チャットの仕方など、すべて異なるので、きちんと確認しておくことが必須です。会話以外でも、書類や画像、映像を共有できるアプリもあります。そうした機能をスマートに使うことができれば、ITに対する評価を上げられるかもしれません。

使い方をしっかりマスターすることによって、より良い自分を見せることができるのです。

◉―企業側が面接専用ツールを使用している場合も

もともと、ZoomやSkypeなどは、オンライン面接に特化したツールというわけではありません。**企業によっては、個人ではなかなか導入できないオンライン面接に特化した専用のサービスを使用しています。**

どんなサービスを使っているかが事前にわかれば、ネットレベルの予備知識を得られるかもしれませんが、そうでない場合はぶっつけ本番で挑まなければなりません。それは仕方のないことですが、少なくともネット環境だけは万全にしておきましょう。

オンライン面接で使用される主なツール

企業側・求職者側のいずれも原則無料で使えるツール

Zoom

テレワーク・リモートワークのニーズから、急速にシェアを伸ばしているWeb会議システムの1つ

Microsoft Teams

「Office 365」のチームコラボレーションサービス

Skype Meet Now

「Skype」が2020年4月から開始した、「無料・アカウント不要・アプリインストール不要」のWeb会議サービス

Google ハングアウト

チャット、グループでのビデオ通話（同時に最大15人まで）などが無料で利用可能

V-CUBE ミーティング

国内No.1シェアのWeb会議システム

BIZMEE

アプリのインストールやアカウント登録が一切不要

企業側が独自に契約しているオンライン面接に特化したツールも多数

そうしたツールの機能を事前に把握するのは難しいが、「映像が映る」「リアルタイムで会話できる」という基本のシステムは同じ。他の無料ツールを使って、予行練習をしておこう。

3 面接官のフォーカスを、自分の顔に向けるために

照明と化粧で印象をアップ

◉――照明環境をしっかり整える

やはり、面接官としては相手の顔、表情をしっかり見たいもの。

しかし、パソコンの内蔵カメラは、照明がしっかりしていないと暗く映り、色味が不自然になるケースが多いものです。また、家庭用照明は黄味が強く暖色系のオレンジが多いので暗く映りがちです。したがって、できる限り白色LEDを使うことをおすすめします。

また、白色系のデスクスタンドで自分の顔を照らすのも効果的です。

◉――男性もふくめ、化粧で見せ方は変わります

照明とともに、顔をしっかり見せる**化粧術も**大事になります。テレビに出てくる俳優や芸能人、キャスターやアナウンサーと同じ。

これは女性に限らず、**男性にもいえる**ことです。男性も、ファンデーションやアイシャドーなどを活用して、はっきり顔を見せることが重要です。男性もメイクすることで自分

に自信が持てるようになるうえ、**男性がメイクした場合、面接官側の好感度が2割増しになる**という実験結果もあります。最近はメンズメイク用の商品が増えており、お店によってはコーナーが設置されているのでチェックしてみてください。

オンライン面接での印象アップ術

照明にこだわる

白色LED

白色系のライトを使ったほうが、
相手に明るい印象を持ってもらえる。

男性でもメイクをする

アイブロウ
眉毛を整えて
キリリとした目元に。
ファンデーション
青ひげや目元の
くすみを隠す。
アイシャドウ
目力をアップさせる。

4 面接官が見ているのはあなたの顔だけではない

服装と背景で、あなたの人となりが見られる

◉——オンライン面接での服装チェック

面接での服装は、相手に好印象を与えるためには大事なポイントになります。オンラインだからといって、**カメラに映らないところ**をないがしろにするべきではありません。意地悪な面接官に「立ってください」などと言われたら、目も当てられません。足先までしっかりと正装することは、オンラインでも基本中の基本。しっかりした服装は、あなたの気持ちをしゃきっとさせます。きっと、面接の結果にも影響を与えるでしょう。

◉——バーチャルバックグラウンドの落とし穴

バーチャルバックグラウンドを使うことはおすすめしません。画面越しという時点でお互いに距離感を感じるのに、さらに背景がバーチャルだと違和感はさらに増します。画面がゆがむこともあります。

どこを見られても困らないように

生活感あふれる自室を見られたくないという人もいるかもしれませんが、面接官のフォーカスが自分だけに来るようにするためにも、見られても困らないように部屋を整理するか、**壁を背にしてパソコンに向かう**ようにしましょう。自室の広さや構造でそうした配置がどうしても難しい場合は、バーチャルバックグラウンドを使うしかありませんが、せめて白やグレーなどの無地に設定してください。

必ず全身スーツ

服装の緩みは、態度にも表れるので要注意。

バーチャルバックグラウンドはできるだけ使わない

「映したら困る背景なのか?」と面接官は思ってしまう。

理想は壁を背に

5 オンラインでの話し方と目線

適切な間とメリハリが印象を変える

◉─キッチリ短く、メリハリを付けて話す

オンラインでの話し方は、リアルでの面接とは異なるポイントがあります。

1つ目は、**センテンスとセンテンスの間に間をおく**こと。なぜなら、オンラインならではのタイムラグを考慮する必要があるからです。仮にタイムラグが起きても、間を入れれば、相手はスムーズに話を耳に入れることができます。

2つ目は、**メリハリのある話し方**です。もちろん、リアルでも大切なことですが、オンラインではより強く意識してください。相手の環境によっては、声がしっかり届かない場合があるからです。とくに、だんだん声が小さくなったり、語尾がはっきりしない話し方は、オンラインだとリアル以上に相手にストレスを与えます。

無駄な聞き直しが増えるのは、互いにとってデメリットでしかありません。

◉─常にカメラ目線を意識しよう

メリハリのある話し方とカメラ目線が大切

パソコンのカメラの位置に×印をつけておくと、
カメラ目線を意識しやすい。

そしてリアルでも、オンラインでも、普段の会話でも、相手の目を見て話すことは鉄則です。テレビのキャスターはいつも目線がきっちり合っていますね。説得力を増すためにもアイコンタクトはとても重要となります。つまり、オンライン面接の際は**カメラ目線を意識**してください。オンラインの場合、複数の画面が映されると、画面上で目が泳ぎがちになります。もちろん、画面共有が行われた際などは仕方ありませんが、あまりにも目線が動きすぎると、相手に「落ち着きがない人」と思われてしまいます。

　カメラ目線を意識するコツは、パソコンのカメラ位置を把握し、そこにカメラ位置に目立つテープなどで印をつけることです。そこを見れば、１００％カメラ目線になります。

6 オンライン面接だからできることがある

リハーサルが容易で、カンペも用意することができる

◉──オンラインだから見せられるものがある

せっかくのオンライン面接ですから、そのメリットを最大限に活かして印象のアップにつなげましょう。なにせ、リアルではできないことが、オンラインだからこそできるのですから、それを活用しない手はありません。

たとえば、リアル面接で「趣味を教えてください」と問われて、「絵画です」と答えても、どんな絵を描くのか、どの程度の実力なのかは、なかなか相手に伝わりません。しかし、オンライン面接であれば、実物を画面越しに見せることができます。

このように、趣味で使っているものや卒業証書、記念トロフィーなど、**自分をアピールできそうなものは手の届くところに置いておきましょう**。もちろん、話の流れを無視して一方的にアピールするのは逆効果ですが、「趣味は？」「強みは？」「休日の過ごし方は？」などの質問に対する答えとして実物と一緒に話すことができれば、説得力は上がります。

オンライン面接だからできること

1 仕事や趣味に関する成果物などを見せられる

2 リハーサルがしやすい

3 カンペが使える

◉——録画をして徹底的にリハーサルをしよう！

オンライン面接には、**リハーサルがしやすい**というメリットがあります。

ビデオ通話システムにはレコーディング機能があるものが多いのですが、これを積極的に利用するのです。

模擬面接をレコーディングして、良い点、悪い点を客観的に検証・改善することによって、自分の見せ方を１００％コントロールすることができるのです。

◉——見えないところを最大限に利用しよう

オンラインの面接では、面接官から見えないところが多数存在します。これも大きなメリットとなります。

たとえば、**想定問答集のようなものをカメラの横に貼っておいても相手には見えません**。そして、それを読み上げても、相手には気づかれないのです。

丸暗記する必要もなくなりますし、緊張によって暗記したことが飛んでしまうこともありません。もしかしたらこれが、オンライン面接の最大のメリットかもしれません。

第Ⅱ部 さあ、いざ転職をはじめよう

第6章

これで終わり！内定から入社まで

1 内定通知への対応のしかた

内定の承諾は早急に、辞退は誠意を込めよう

内定通知はいつ来るか?

内定の連絡は面接日の3日から1週間後、長い時は1カ月後など、その会社によりけりです。応募者は面接の時、いつごろどういう形で合否連絡が来るかを聞いておきましょう。万が一、聞きそびれた時は、10日間ほど待ってみて、それでも返事がなければ問い合わせます。「もう通知をされましたでしょうか」と、婉曲《えんきょく》な言い回しを心がけましょう。

面接を受けたすべての会社に挨拶状を

内定への回答は、面接を受けたすべての会社に電話で済ませたのち、挨拶状を出しましょう。特に、内定辞退をした会社には丁寧なお詫《わ》びの手紙を出すことをおすすめします。**縁がなく不採用になった会社にもお礼の手紙を出すのが社会人としてのマナーです。**

相手に好印象を与えるためにも、できるかぎり手書きで書くことをおすすめします。

内定通知に対する挨拶状のサンプル

＜内定承諾の場合＞

昭和ハウス株式会社
人事部長
中西良明　様

拝啓　この度は採用内定のご通知を頂き、誠にありがとうございました。御社に就職できることを心から喜んでおります。一生懸命職務に励む所存でありますので、何卒よろしくお願い申し上げます。
まずは、採用内定の御礼を申し上げます。

敬具

七月一日
神奈川県横浜市桜木町4-5-6
佐藤　順平

＜内定辞退の場合＞

拝啓　御社ますますご隆昌のこととお慶び申し上げます。

この度は採用内定のご通知を頂き、誠にありがとうございました。

実は、ごく最近になってかねて療養中の父の病状が急に悪化し、今後の見通しが立たない状況に至っておりますので、今回はとりあえず御社への就職をご辞退させて頂きたく存じます。誠に心苦しいお願いですが、何卒ご了承賜れば幸甚に存じます。

末筆ながら、御社のご発展を心からお祈り申し上げます。

敬具

七月一日
神奈川県横浜市桜木町4-5-6
佐藤　順平

◉──承諾の連絡は早急に、返事を保留する場合は交渉を

第1志望の企業から内定通知が来たら、まずはひと安心です。早速承諾の返事をしましょう。内定を承諾してはじめて「内定決定」になるので、それ以外の会社へは内定辞退を連絡しましょう。**内定に関しては、何よりもスピードが第一です。**

内定の返答がないと、内定辞退の意思表示と判断されかねません。競合案件などの事情で数日の猶予がほしい場合も、とりあえず電話をして猶予を願い出ます。その際は「家族にも説明して、了解を得ておきたいから」などという理由をつけましょう。返事を保留するのですから、謙虚にかつ丁重に申し出をし、「待てない」と断られる覚悟も必要です。

◉──内定を断りたい時は

内定の通知後に、入社を辞退しなければならないこともあるでしょう。その場合、早急に採用担当者に連絡をしましょう。企業側は、採用を決めたらすぐにあなたの入社準備を始めます。入社辞退になれば、企業側に迷惑がかかります。言うまでもないことですが、**断りの電話をかける際は、できるかぎりの丁重さで、誠心誠意謝ることが大切です。**

担当者から辞退の理由を聞かれた場合、先方に理解されるような理由だけを述べるようにしましょう。**電話で辞退を連絡したのち、改めて手紙でお詫びをすると誠意が伝わります。**

内定通知の対応マニュアル

入社承諾の場合

内定の通知をいただきました森本祥子と申します。このたびは、評価してくださりありがとうございました。喜んで入社させていただきます。どうかよろしくご指導たまわりますよう、よろしくお願いいたします。
〈ポイント〉 郵便での内定通知に対しては、当日ないしは翌日に電話をし、入社の意思を伝えることが大事。お礼や今後の指導を願う言葉も添えよう。電話で通知があった場合は、お礼を述べるにとどめて即答を避け、返事は翌日、こちらからする。

返事を保留したい場合

内定の通知をいただきました森川真一と申します。このたびは、評価してくださりありがとうございました。早速承諾のお返事をするべきなのですが、このたびの転職につきましてはお世話になった方にも相談いたしたく、誠に勝手で申し訳ないのですが、あと１週間返事をお待ちいただけないでしょうか。○日には必ずご返事申し上げます。
〈ポイント〉 ほかの会社からの通知を待っている時でも、このように言って保留させてもらう。もちろん、“お願い”の形で交渉するわけだから、そのまま聞き届けられるとはかぎらない。入社する意思があることをどれだけにじませられるかがカギ。

内定を辞退したい場合

昨日、内定の通知をいただきました森田貴志と申します。このたびは、評価してくださりありがとうございました。せっかく内定をいただいたのに、誠に申し訳ないのですが、ご辞退させていただきたく、ご連絡いたしました。よくよく考えた結果、現職にとどまることにいたしました。御社にはご迷惑をおかけして、誠に申し訳ございませんでした。
〈ポイント〉 辞退するには理由が必要。相手もそれを知りたがっている。「都合が悪くなりましたので」で納得してくれればいいが、聞かれたら他社に内定したことは隠さず「○○社がぜひにと言ってくださったので」と簡潔に言う。内定辞退の通知は一刻も早く行う。

2 内定後にする大切な「労働契約」について

後悔しないために必ず確認し、疑問を残さない

●労働条件をあいまいにしたまま入社しない

入社前にしておかなければならないことは、「労働契約」を取り交わすことです。「労働基準法」では、会社は従業員を採用する時に給与や労働時間、就業場所、業務内容、休日・休暇などの労働条件を文書で提示したうえでの契約が義務づけられています。ところが、細かい条件については口頭で伝えてもよい、とされているため、あいまいなまま入社してしまう例が多いという状況もあります。入社後「こんなはずではなかった」と後悔することのないよう、**労働条件は必ず文書化してもらいましょう。**

●歩合給の計算方法まで確認し疑問を残さないこと

特に給与面は重要で、会社によって制度が違うので要注意です。固定給の額だけでなく、たとえば歩合給が加算される時などは、歩合給の計算方法などわからないところは、遠慮せずに確認しましょう。就業規則にも目を通して、疑問があれば解決しましょう。

「労働契約書」の内容チェックリスト

□労働契約を取り交わす
□従業員の住所・氏名
□雇用を開始する年月日
□就業場所（勤務地）
□職種と業務内容
□勤務時間と休憩時間
□適用される社会保険
□休日・休暇（年末年始・夏季休暇・有給休暇）
□雇用形態
□給与体系・給与額・各種手当
□賃金の締切日・支給日
□昇給の規定
□賞与の計算方法・支払日
□職業訓練の時期や内容
□試用期間
□災害補償、業務外の疾病に対する扶助
□休職規定
□退職の時期と手当
□就業規則に目を通す
□転職先会社の概要研究（商品知識・取引先など）をする
□提出書類をそろえておく
　□雇用保険被保険者証
　□年金手帳
　□源泉徴収票
　　（前の会社を退職した年のうちに再就職した場合）

☆これらのことを確認して、署名押印しましょう

3 新しい会社に入社する前に

入社後は会社のルールに従うこと

会社、業界、業種、職種についての予備知識

入社前に、これから働く会社がどんな会社なのか、あらかじめ調べておきましょう。未知の業種・職種であれば、業界研究も必要です。業界紙もありますが、書店で売っている「業界と職種がわかる本」などをざっと読んでおくだけでも違うでしょう。

心は新しい会社へ

退社後にすべきことは、転職先に連絡をして、円満退社したことを伝えることです。**担当者とは退職前からもこまめに連絡をとり、退職までの経過を報告し、相談にのってもらうなどのコミュニケーションを密にとりましょう。**

新しい会社へ初出社するときは、出勤時間を問い合わせ、それよりさらに10分早く出社します。新しい会社には、保険証や年金手帳などの必要書類を提出し、配付される就業規則に目を通し、職場の一員として、1日も早く会社のルールに慣れるよう努めましょう。

これであなたの転職は成功

円満退職したことを伝える

担当者とはこまめに連絡をとり、
コミュニケーションを密にとろう

出勤時間より10分早く出社しよう

<監修者プロフィール>
箱田賢亮（はこだけんすけ、ドクターケン）

16歳で渡米、コロンビア大学で教育博士の学位を取得。その後29歳の若さでカンザスウェスリヤン大学の教授に就任、学部長としてオンラインクラスなどを管轄。令和元年、米国での経験を人材育成に活かすべく、実父・箱田忠昭経営のインサイトラーニング株式会社の取締役社長に。プレゼンテーション、ネゴシエーション、リーダーシップ、モチベーション管理、タイムマネジメント、効果的図解技術、英語でのコミュニケーションに関する専門家として、経営者から新入社員を対象とした講演活動を行う。米国で培ったグローバルな視点から、本書で解説した転職市場をはじめ、さまざまなビジネス環境を生き抜くための情報と示唆を精力的に提供しつづけている。

<監修者プロフィール>
箱田忠昭（はこだただあき）

インサイトラーニング株式会社代表取締役。年間300回以上のセミナーをこなすカリスマインストラクター。慶応義塾大学商学部卒業、ミネソタ大学大学院修了。日本コカ・コーラ広告部マネージャー、エスティローダーのマーケティング部長、パルファン・イブ・サンローラン日本支社長を歴任。このように自身も転職を繰り返してキャリアアップをしてきた「転職職人」。主な著書に、47万部を超えるベストセラーシリーズ『「できる人」の話し方&コミュニケーション術』『「できる人」の時間の使い方』『「できる人」の話し方&人間関係の作り方』や『落ちたリンゴを売れ！』（いずれもフォレスト出版）など多数。

●インサイトラーニング・ホームページ
http://www.insightlearning.co.jp/

デザイン・イラスト／富永三紗子

これだけは知っておきたい「転職」の基本と常識　改訂新版２版

2020年　11月6日　　初版発行

著　者　箱田賢亮
監修者　箱田忠昭
発行者　太田　宏
発行所　フォレスト出版株式会社
〒162-0824 東京都新宿区揚場町2-18　白宝ビル5F
電話　03-5229-5750（営業）
03-5229-5757（編集）
URL　http://www.forestpub.co.jp

印刷・製本　萩原印刷株式会社

ISBN978-4-86680-102-5　Printed in Japan

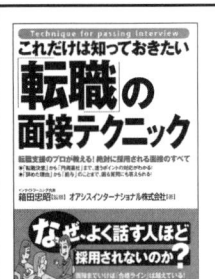

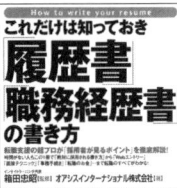

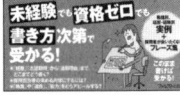

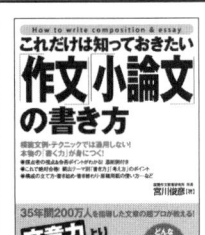